ĐURA LAZA VOJISLAV
JOVAN VLADISLAV

Đura Laza Vojislav Jovan Vladislav

Srpski pesnici

Priredio: Daniel Buinac

Globland Books

ĐURA JAKŠIĆ

JA SAM STENA

Ja sam stena,
O koju se zloba mori,
Svetska čuda i pokori;
Mnogi težak oblak, jeka,
Krš gromova, oganj, kletva
I sto čuda neba, zemlje,
Razbilo se o meneka...
Usamljena
Na sredini morske pene,
Cepam munje i gromove;
A talase rikajuće
Sa hrapavim kamom grudi,
U kapljice sitne mrvim.
U noćima smrti strašne,
Na rame mi tice sleću
I zloslutnim grakću glasom:
Pakost, zlobu i nesreću.
Što zlokobnih
Dva'est osam stojim leta,
Prezirući, smejući se
Pakostima bezbožnika;
Hladna, nema
Za radosti i za zlosti,
Nepomična, neosetna!

U kojojzi otrov-srce,
Umorena ljuta zmija,
Na uzglavku — večnom mraku,
Na kamenu od uvreda,
Razmrskana, ćuti, spava...
Ja sam stena... al' krvava!...
Isparana gnevom, jedom,
Zaljuljana mukom, bedom!...
Smrt mi grozna, nemilosna,
Sa pesnicom koštunjavom,
Zlokobnicom oka svoga,
Umiruća časom preti...
Čekaj, sele!
Još ne želim ja umreti!
Dok se zemlja ne zatrese,
Burno more ne zajoše,
Ne pocrni sjaj zvezdani,
I meseca svetlost bleda
Ne zavije u oblaku
Božje pravde i istine,
Sjajne zore i večeri
Zrak crveni ne proturi
U krvave ljute zmije;
Kojima će duh večiti
Po jauku, bolu, pisci,
Nesrećnoga šibat sveta —
Donde — donde!...
Uvređeno srce moje,
U večitom bolu, gnevu,

Smeha se je zaželelo...
— Ha! Il' možda neće doći
Strašnog suda glas užasni?
Možda nikad neće moći
Gorkoj muci i jauku
Nasmejat se srce moje?...
Idi!... Idi!...
Ne diraj me mraznom rukom!
Da preživim večnost tužnu
Na vrletnom mome visu,
Gde me čuda i otrovi
Zlobnog sveta uzvisiše. —
Al' odklen ću sam, po volji,
Stojat... pasti... ili večno
Zla i podlost prezirati
Lednim okom gorskog lava...
Ja sam stena al' krvava!...

KAO KROZ MAGLU...

Kao kroz sivu maglu
Što samo sine zrak,
A gušće oblak dođe,
Da veći bude mrak,

I ona samo sinu,
Da opet dođe hlad,
Da veća tama bude,
Da veći bude jad...

PONOĆ

... Ponoć je.
U crnom plaštu nema boginja;
Slobodne duše to je svetinja...
To gluvo doba, taj crni čas —
Al' kakav glas?...
Po tamnom krilu neme ponoći
Kô grdan talas jedan jedini,
Da se po morskoj valja pučini —
Lagano huji — kô da umire,
Il' da iz crne zemlje izvire?
Možda to dusi zemlji govore?
Il' zemlja kune svoje pokore?
Il' nebo možda dalje putuje,
Da moju kletvu više ne čuje?
Pa zvezde plaču, nebo tuguje,
Poslednji put se s zemljom rukuje...
Pa zar da nebo svetu nestane?
Pa zar da zemlji više ne svane?
Zar da ostane —
Tama?...
I hod se čuje —
Da l' ponoć tako mirno putuje?
Ni vazduh tako tiho ne gazi —
Kô da sa onog sveta dolazi?

Il' kradom oblak ide naviše?
Il' bolnik kakav teško uzdiše?
Il' anđô melem s neba donosi?
Il' oštru kosu da ga pokosi?
Da ljubav ne ide?... da zloba nije?...
Možda se krade da nam popije,
I ovu jednu čašu radosti?
Il' možda suza ide žalosti?
Da nas orosi tužna kapljica?
Ili nam mrtve vraća zemljica?

. . . .

Vrata škrinuše...
O duše! O mila seni!
O majko moja! O blago meni!
Mnogo je dana, mnogo godina,
Mnogo je gorkih bilo istina;
Mnogo mi puta drhtaše grudi,
Mnogo mi srca cepaše ljudi,
Mnogo sam kajô, mnogo grešio,
I hladnom smrću sebe tešio;
Mnogu sam gorku čašu popio,
Mnogi sam komad suzom topio...
O majko, majko! O mila seni!
Otkad te majko nisam video,
Nikakva dobra nisam video...
Il' možda misliš: „ta dobro mu je!
Kad ono tiho tkanje ne čuje

Što pauk veze žicom tananom,
Nad onim našim crnim tavanom,
Među ljudma si — među bližnjima —"
Al' zlo je majko biti međ' njima!
Pod ruku s zlobom pakost putuje,
S njima se zavist bratski rukuje,
A laž se uvek onde nahodi,
Gde ih po svetu podlost provodi;
Laska ih dvori, izdajstvo služi,
A nevera se sa njima druži...
O majko, majko, svet je pakostan —
Život je majko vrlo žalostan...

PIJEM...

Pijem, pijem... al' u piću
Još se nikad ne osme'nuh —
Kao da je rujnim vinom
Bog polio hladnu stenu!

Posrne l' mi katkad noga,
Družina se luda smije —
Al' se brzo smeha trza;
Kô od jeda ljute zmije...

A ja pijem, jošte pijem —
U tom mi se srce para.
Ćuteći se samo igram
Ljutim vrhom od andžara...

ĆUTITE, ĆUT'TE!...

Ćutite, ćut'te!... S perom u ruci
Stekô sam sebi u rodu glas;
S krvavom sabljom na bojnoj muci
Bolji sam bio — bolji od vas!

Da ste me viđ'li — to da ste samo!
Al' onde, znajte, ne beše rob!
Ubojne sablje kad potrzamo:
Pobeda! Juriš! Il', bolje, grob!

Zvuk trube, huji, poljana ječi,
Grmi i puca oganj i prah;
Ćuteći stojiš, padaš bez reči,
Gineš za narod rado, bez strâ.

Plamen i dim, gore nam lice,
Mrki kô vuci dođemo svi —
Ali gde biste vi, kukavice?
Pudljivci hudi! Lažljivi psi!...

MOMA

Kad bi moma zvezda bila,
Nikad ne bi duša moja
Bela danka zaželila.

PADAJTE, BRAĆO...

Padajte, braćo! Plin'te u krvi!
Ostav'te sela, nek' gori plam!
Bacajte sami u oganj decu!
Stresite s sebe ropstvo i sram!

Ginite, braćo! Junaci! Ljudi!
Za propast vašu svet će da zna...
Nebo će plakat dugo i gorko,
Jer neće biti Srbina...

Mi nesmo braća, mi Srbi nesmo!
Ili vi neste Nemanjin soj?
Ta da smo Srbi, ta da smo ljudi, —
Ta da smo braća — oh, Bože moj!...

Ta zar bi tako s Avale plave
Gledali ledno u ognjen čas?
Ta zar bi tako — oh, braćo draga!
Ta zar bi tako prezreli vas?...

Prezrite bratstva pokor i kletvu!
Što nebo dade, pogaz'te vi!
Ta nije l' grešno, nije li grozno —
Krv dece vaše gledamo mi!...

A gde je pomoć il' suza bratska?
Il' „juriš, rode, za brata svog"?...
U veljoj bedi, smrti i krvi
Danas vas same ostavlja Bog!...

Al' opet grešan, grešno sam pevô —
Ranjeno srce naroda mog!
Ta Srbin kipi — kipi i čeka —
Al' ne da đavo... il' ne da Bog!

KROZ PONOĆ

Kroz ponoć nemu i gusto granje
Vidi se zvezda tiho treptanje,
Čuje se srca silno kucanje;
O lakše samo kroz gusto granje!

Tu blizu potok daljinu para,
Tu se na cveću cveće odmara,
Tu mene čeka ašikovanje —
O lakše samo kroz gusto granje!

Pašću, umreću, duša mi gore,
Rastopiće me do bele zore
Kô grudu snega vrelo sunčanje —
O lakše, lakše kroz gusto granje.

JEVROPI

Tebi da pevam — tebi, tiranko!
A duh mi mori otrov i gnev;
Uvreda tvojih žaoci jetki
Potpaljuju mi plemenit spev.

Milionima narodi pište,
Milion grudi prosipa krv —
Milionima pale kućište,
Milion ljudi gmiže kô crv.

I milioni dolaze smerno
Jevropi gordoj na holi sud —
Ne može više, raja ne može
„Snositi jaram, mučiti trud!

Tiran nas gazi, sramoti žene,
Useva naših otima plod.
Presudi, silna, da l' živet može
U takvom igu nesrećni rod?...

Izginućemo!!.."

„Pa izginite!"

Podsmeha tvoga gordi je zbor —
„I ginućemo, ginuti slavno!!
Il' mačem preseć Gordijev čvor!

Izginućemo — ali slobodni —
Jer Srbin neće da bude rob!
Tamo daleko, na svetom groblju,
Potražićemo život il' grob!"

OTADŽBINA

I ovaj kamen zemlje Srbije,
Što, preteć suncu, dere kroz oblak,
Sumornog čela mračnim borama
O vekovečnosti priča dalekoj,
Pokazujući nemom mimikom
Obraza svoga brazde duboke.

Vekova tavnih to su tragovi —
Te crne bore, mračne pećine;
A kamen ovaj, kô piramida
Što se iz praha diže u nebo,
Kostiju kršnih to je gomila,
Što su u borbi protiv dušmana
Dedovi tvoji voljno slagali,
Lepeći krvlju srca rođenog
Mišica svojih kosti slomljene, —
Da unucima spreme busiju,
Oklen će nekad smelo, preziruć,
Dušmana čekat čete grabljive.

I samo dotle, do tog kamena,
Do tog bedema —
Nogom ćeš stupit, možda, poganom.
Drzneš li dalje?... Čućeš gromove

Kako tišinu zemlje slobodne
Sa grmljavinom strašnom kidaju;
Razumećeš ih srcem strašljivim
Šta ti sa smelim glasom govore,
Pa ćeš o stenja tvrdom kamenu
Brijane glave teme ćelavo
U zanosnome strahu lupati...
Al' jedan izraz, jednu misao,
Čućeš u borbe strašnoj lomljavi:
„Otadžbina je ovo Srbina!..."

NA LIPARU

Jeste li mi rod?... siročići mali
Il' su i vas možda jadi otrovali,
Ili vas je slabe progonio svet?
Pa dođoste samo — da kad ljude znamo,
Da se i mi malo bolje upoznamo,
U dvopevu tužnom pevajući set...

  Mi smo male,
  Al' smo znale
  Da nas neće
  Niko hteti,
  Niko smeti
  Tako voleti,
  Kao ti;
  — Ćiju ći!

Moje tice lepe, jedini drugari,
U novome stanu poznanici stari,
Srce vam je dobro, pesma vam je med;
Ali moje srce, ali moje grudi
Ledenom su zlobom razbijali ljudi,
Pa se, mesto srca, uhvatio led.

  S belom bulom,

Sa zumbulom,
Šaren-rajem
Rajskim majem,
Cvećem, mirom,
Sa lepirom,
Letimo ti mi
Srca topiti,
— Ćiju ći!

Moje tice male, jadni sirotani!
Prošli su me davno moji lepi dani,
Uvelo je cveće, odbegô me maj,
A na duši osta, kô skrhana biljka
Il' kô tužan miris uvelog bosiljka,
Jedna teška rana, težak uzdisaj.

JEDNOJ NESTAŠNOJ DEVOJCI

Zar poljubac meni, starcu,
Daješ, mlada, sa usana?
Zar na moje staro rame
Pada ruka usijana?

Je l' to ljubav, je li šala,
Te je tvoja ruka mala
Na ramenu sedog starca
Zadrhtala, zatreptala?

Il' si došla, zluradice,
Da me varkaš, da me jediš?
Izmučene stare grudi
Da povrediš, da pozlediš?

„Ja te ljubim!..." tvrdiš, mlada,
Puna jada, puna nada —
Ali ljubav sedom starcu
Veruj, dušo, teško pada...

Uvele su grudi moje,
Tvoja ljubav — vatra živa —
Pa se bojim, starac sedi,
Od plamena i goriva.

OTAC I SIN

Jedanput ide stari Amidža
Kô neki sedi mandarin;
A za njim tapka, trči, skakuće
Junačke krvi najmlađi sin.

Vašar je bio — a na vašaru
Sablje, pištolji, arapski at;
Tuniske kape, srebro i zlato,
Mletačka svila, ženevski sat.

— E, šta ćeš, sine, da kupi babo?
Deteta sklonost kušaše svog.
— Hoćeš li sablju, tu britku, sjajnu,
Il' volim ata misirskog?

Il', možda, želiš od svile ruho?
Neka ti bude svileno sve!
Govori, sine, govori brže,
Da kupim one toke zlaćene?

Dete se češka rukom po glavi,
Kao da ne zna šta bi od sveg:
— Ah , babo, babo, kupi mi, babo,
Pečenja kupi jarećeg...

Sad se i babo češe po glavi,
Gledajuć dugo sinčića svog:
— E, ja sam volô sablje i koplja,
A sin mi jarca pečenog!

NA NOĆIŠTU

Studena me kiša šiba
Već vasceli dan;
Oj primi me, krčmarice,
U tvoj lepi stan!

Savu, Mlavu i Moravu
Prelazeći ja,
Tebe sam se zaželeo
I lakoga sna.

Natoči mi čašu vina
Iz podruma svog,
Poljubi me, zagrli me,
Pomogô ti Bog!

KARAULA NA VUČJOJ POLJANI

Nasred kule karaule,
Oko vatre na ognjištu
Stražari se iskupiše...
Vatra gori, plamen liže
I po tamni duvarovi
Gorostasne senke diže,
Kô da j' rada iz prošlosti,
U vatrenoj zanetosti,
Vitezove da naniže
I tim vreme doba davna
S našim danom da izravna.

Družba j' mala... Pet stražara...
U svakoga puška tanka,
Duga puška belgijanka,
A gotova da zapara,
Da zarije sa tanetom
Il' sa ljutim bajonetom,
Kroz redove ljudskog blata —
U kolove Azijata;
Pa da onda u neredu
Crnu cevku, pušku bledu,
Turskom krvi obojadi,
Njenom parom da okadi.

„Još ih nema!... Gde su? Šta su?...
Il' im zverske strepe grudi.
Na megdanu i užasu?...
A kad treba decu klati,
Slabe žene zlostavljati,
Onda će ti onde biti,
Spaljivati i robiti,
Nasilnici i neljudi!..."
Tako zbori buljubaša
I za nož se rukom maša.
Dalje tvrdi stražar stari:
„Braćo moja, graničari!
Imam jednog pobratima,
A u njemu vere ima;
Pa mi dođe kradimice
S one strane Tisovice,
Potkaza mi turske zveri:
Da su noćas u nameri
Našoj kuli oganj dati,
Na nas mučki napadati...
Kol'ko ih je?... Pobro ne zna!...
Ali da je četa besna,
Da je divlja, neuredna,
Krvi željna, krvi žedna,
To mu kažu crne oči,
Svaka reč mu to svedoči..."

Pet drugara, pet stražara

Buljubaše reč su čuli,
Ali nisu pretrnuli;
Ni pak crta muškog lica
— Strahovanja jadni mlazi —
Trepet duše da izrazi
I strašljivost kukavicâ...
„Neka dođe sto hiljada,
A u srpskim u grudima
Jedan život neka ima,
I taj jedan neka pada,
Na bajonet nek' se meće;
Al' pred četom nasilnika
Srce srpskog Krajišnika
Zadrhtati nikad neće!..."
Pet drugara, pet stražara,
Takim glasom odgovara.
U to doba neme noći
Zatrese se u samoći
Mračna gora, jela vita;
A lomljava strahovita
Razdiraše ponoć mraka,
Kô da j' rada tamu njenu
Paljevinom iz pušaka
Projuriti u plamenu...
I na kuli karauli
Lomljavu su tešku čuli,
Al' vitezi graničari
Nisu nemim strahom stali;
A zidovi, opet, stari

Nikad nisu zadrhtali.

„Vidite li tursku silu
Kako juri u besnilu?
Dvesta ih je!... Dvesta druga,
Što se svakom pravu ruga,
Što s planina jadne raje
Preko praga srpskog gazi,
Da nam žene, da nam decu,
Obeščasti i porazi...
Na petoro... dvesta nji' je,
Sve nizama pomamnije'!
Da l' ostati u boj ljuti?...
U krv ćemo utonuti...
A uteći?..."
... Buljubaša ne izusti,
Zasiktaše noži ljuti,
Zazvečaše puške tanke,
Crne puške belgijanke:
„Buljubašo, žena beži,
A u našoj krvi leži
Krv kosovska, krv junaka,
A krv taka
Ne zatrepta od Turaka!..."

Tako reče pet stražara
Krajišnika, graničara;
A puške im oganj bljuju.
Al' i Turci navaljuju,

Krvožeđu h'jene ljute
Sipajući plamen živi
Na krov kule napadnute...
Ponoć gleda silu besa,
Pa se ježi, strepi, stresa,
Vihor diže urnebesa,
Riče strašno, ječi, stenje,
Lomi drvlje i kamenje;
A sa krova zapaljena
Puno gara, dima, žara
Povijajući, sila njena
Često sipa iz nedara
A u nedro graničara.

„Na bajonet!... Na noževe!..."
Buljubaša viče stari,
A sinovi graničari
Reč mu drugu ne sčekaše:
U rukama njihovima
Handžari se zablistaše,
A krv lopi srca živa
Sa čelika i sečiva...
Ponoć stade od miline,
Pa u čudu samo huče,
Gledajući dve stotine,
Kako beži i jauče...
Dve stotine vojske njine...
— Šta ćeš lepše?... Kuda više?...
Kad Turaka dve stotine

Pet stražara pogoniše!

Ali utom plamen sinu,
A u grlu Ilijinu
Život zape na svakada.
Mladi drugar mrtav pada.
Više njega buljubaša
S tri drugara graničara
Čuda stvara —
Čak i unuk da se seti
Kako treba u osveti
Srcu svome odoleti...

JAN HUS

Na Saboru kosničkome
Ima, valjda, pet stotina
Crnih riza i mantija —
Ali nigde vedra lika;
Već kô ona tuga tija
Spustila se pomrčina,
Pa se valja kao zmija
Po grudima stanovnika...
Samo one crne zveri,
Što đavolji šapat čuju
Samo crni kaluđeri
Podmuklo se osmejkuju.

Pred njima je borac stari,
Uzor sveca i čoveka,
Što idejom svoga veka
I vekova gospodari.
Čelo mu je bez oblaka,
Mudro oko puno plama,
Gleda decu crnog mraka,
Gleda četu pustinjaka
U tim crnim mantijama...

„Zvali ste me da porečem

Svojom krvlju što sam pisô,
Mojim nožem da presečem
Od pomisli prvu misô:
Da se klanjam nemoj slici,
Koju ne znam niti čujem,
I u njojzi, varalici,
Hrista boga da poštujem!"

Tako reče smelim glasom
Poučitelj nove vere,
A glas mu je sa užasom
Ispunio kaluđere.
Digoše se ćelepuši,
Kô da druga kosa niče;
Pa kô zmija kada siče,
Sav se sabor zapenuši:

„Teško tebi, nesrećniče!
Teško tvojoj gršnoj duši!
Oporeci knjigu gada,
Knjigu greha, knjigu jada!"

„... Ja nikada!"

„Na spalište! Na spalište!
Pakô svoju žrtvu ište:
Dušu, telo i spisove,
I junaka vere nove!
Sve nek' ide na spalište!

Na spalište! Na spalište!..."

Narod ćuti, Rajna ćuti,
A učitelj novog znanja
Od sudija strogih, kruti,
I ne traži poravnanja:

— Neka Rajna nosi pepô!
U Rajni je tako lepo!
Brda plava, reka plava
Od pakosti zaštićava
I grehove prašta svima;
A nauke nova vera
Potresaće vekovima
Podlu četu kaluđera!... —

VEČE

Kao zlatne toke krvlju pokapane,
Dole pada sunce za goru, za grane.
I sve nemo ćuti, ne miče se ništa,
Ta najbolji vitez pade sa bojišta!
U srcu se život zastrašenom taji,
Samo vetar huji... to su uzdisaji...
A slavuji tiho uz pesmicu žale,
Ne bi li im hladne stene zaplakale. —
Nemo potok beži — ko zna kuda teži?
Možda grobu svome — moru hlađanome!
Sve u mrtvom sanu mrka ponoć nađe,
Sve je izumrlo — sad mesec izađe!...
Smrtno bleda lica, gore nebu leti...
Poginuli vitez... eno se posveti!...

LAZA KOSTIĆ

EJ, ROPSKI SVETE!

Ej, ropski svete!
kuda ću pobeći s obraza tvoga,
s obraza tvoga trpežljivoga?
Da propadnem u zemlju,
od ljute sramote sa tvoje grehote?
Il' u nebo da skačem?
U nebo?
Ta tu je tek
najropskije blaženstvo
blaženih robova,
najveća samovolja —
Bog!
A nebo?
Nebo je samo
ugnuta stopa gospoda boga,
njome da zgnječi samrtnog roba
do poslednjeg droba.
A što se diglo tako visoko,
to bi da vidi, pa da uživa
kako se roblje
previja, kida.
Ej, ropski svete, pod otim nebom!
ej, zvezdice sjajne,
štrecavi žuljevi na božoj stopi!

Valjda kroz vas probi
cikut i vapaj mučenički,
pa kroz svako tako prociknuto mesto
proviru znaci božje milosti
tanko, štedljivo, kao što vladari na zemlji
kolajne dele,
kolajne sjajne i reči lepe
tebi, ropski svete!

MOLITVA BOGORODICI
Jule, ćerke Pere Segedinca

Oh, majko sveta, Bogorodice,
što sluga ti na mene kaže lik,
u jadu ti se nalik osećam,
pomozi mi, da, slaba, naučim
olakšati bar ostalima bol,
te svaki jad, ublažen, utišan,
da grdnoj mojoj rani bude lek.

(Iz drame Pera Segedinac)

VEČE

Blago je veče, k'o lice blago
sedoga patrijara.
Karlovac rumen; je l' od radosti,
il' je to zraka srditog žara?
sunce već seda; kroz oblak gusti
prodiru svetli njegovi zraci,
k'o zračni, sjajni podupirači,
što sunce drže, da se ne spusti.
Al' badava je; eno ih nema,
crn im se oblak sumrakom sveti,
a noć će crna skoro odneti
sunčevu slavu i slavu njinu. —
Oj, sunce, sunce, što tako već ode,
ala me sećaš na sunce slobode,
na srpski sabor — i na manjinu...

GOSPOĐICI L. D.
(Lenki Dunđerskoj)
U SPOMENICU

Svet je svakog pun stvorenja,
jednom cveća, drugom stenja,
jednom žetve i košenja,
drugom žela i prošenja,
Tebi mladoj mladoženja.
Ali koga majka rodi,
te mu sudba tako godi
da je vredan toj divoti?
Izberi po miloj volji,
al' ostane l' koji boli,
bole nožem tog zakolji,
kad mu živo srce prebi, —
 kuku Tebi!

U dubine morske tami
mnoga kaplja tužno čami,
val je zove, zrak je mami,
svaka rada da se diže
te da stiže suncu bliže.
Al' tek ona svetla biva
što s oblaka padne siva
pa je sunčev plam celiva,

da se zasja i preliva
na divotu sveta živa.
Tako su i prosci Tvoji: —
Ko da bira ko da broji? —
Koga takne Tvoja ruka,
oko Tvoje kog prosuka,
biće vredan toga struka,
toga lica, toga guka,
tih milina i tih muka,
biće vredan, kako ne bi, —
    Blago Tebi!

Blago Tebi! Šta ću više?
U tu mi se želju zbiše
sve ostale želje velje,
svaka radost, sve veselje.
Za me nema te miline;
i kad mi se magla skine
zaborava i tamnine
sa mladosti i davnine,
to su samo pusti seni, —
    kuku meni!

A što kukam? — Da sam i ja
u tom jatu čelebija,
oko Tebe što se vija,
pa da me se, u toj četi,
Tvoje srce samo seti
kad inamo kud odleti, —

tad bi bilo kuku-lele!
sve bi muke na me sele.
Al' ovako, sve jednako,
dok se mlađem pehar peni
te mu zbori: „Žen' se, ženi
dokle ti se svet zeleni!"
ja, osaman u seleni,
od jeseni do jeseni
pevam srcu: mirno veni! —
    Blago meni! —

POSTANAK PESME

Sunašca na zalazu
kroz prozor pada žar,
odande na tvoj adiđar,
sa njega na duvar.

Raziš'o se u mlazu,
pa šara bledi zid,
plavetan kao nebni vid,
pa rumen kao stid.

Zapali srce moje,
iz njega sinu zrak,
kroz oka tvoga kamen drag
prosinuo je blag.

Pa i on je u boje
razišao se ceo,
još lepši šar je razapeo
na listak ovaj beo.
I nestaće mu sunca,
al' trajaće taj cvet,
jer to je onaj nepovred
što pesmom zove svet.

REČE GOSPOD

Reče gospod ljudem svojim:
„Hoću, deco, da vas spojim,
da vas spojim verigama,
miljem, verom i nadama!

Jer ako vas spojit neće
moga raja pleticveće,
hoće da vas obavije
klupče zmije vragolije!"

Prisluškujem božjem slovu,
dovijam se blagoslovu,
u slušanju usliša me:
cvetak jedan pade na me.

Zamirisa oko mene,
pun sam sreće nečuvene,
pun sam milja, pun sam vere,
a nadama nema mere.

Oj, ta pun sam svega troga
pored ovog cveta moga,
oh, ta ti si, ti si, mila,
ti si mi taj cvetak bila.

I setim se božjeg slova
nebeskoga blagoslova,
da pokažem da ga štujem,
darak njegov iscelujem.

Darak, usne sastavljene,
k'o karike dve rumene,
svet nek vidi kakvim stoji
verigama da se spoji.

POD PROZOROM

Poglédo sam u nebo,
      u mesec, zvezdice,
u prozor i u tebe
      odneta nevice;
mlad mesec meto venac,
      ko mlada nevesta,
mlad mesec tebe gledi
      pa venac namešta.
Meseče, što se ludiš?
      meseče, što si slep?
Taj venac bi tek bio
      na mojoj diki lep. —
Na mesec sam ti pruž'o,
      a ti si ćutala,
oh, dušo moja, dušo,
      jesi l' ga videla?

Na zatvoren se prozor
      ko na krst naslanjaš,
ko kanda bi na krstu
      da grehe odsanjaš.
da imam sveta vina,
      pričestio bih te,
al' putir mi je srce,

pun krvi nesite;
po njemu ti je, dušo,
   sva duša razneta,
a u njoj sveta tajna
   ljubavnog zaveta.
Taj putir sam ti pruž'o,
   a ti si ćutala,
oh, dušo moja, dušo,
   jesi l' ga videla?

I mirni mesec ćuti
   nad mirnih grobovi',
a ja ga, dušo, pitam
   o našoj ljubavi;
o tvojoj duši, dušo,
   o veri njezinoj,
a mesec se osme'nu,
   u zlobi večitoj; —
na mesec sam ti pruž'o,
   a ti si ćutala,
oh, dušo moja, dušo,
   jesi l' ga videla?

U NOĆI

Oj ljubavniče, meseče!
    oj, ljubo, noćice!
oj, zvezde, poljupcem njegovim
    užežene joj očice!

Oj noći! oj zvezde! oj meseče!
    ta jeste l' vi tek san
što vas iz plama žešćeg svog
    uspavan sniva dan?

Bar ljubav moja taka je:
    — oh, al' ste joj prikladni! —
i ona je, ko noćni san,
    iz žarkih nikla dni.

U SREMU

Ubava Fruško, divoto moja,
u tebi nema vrleta gorostasnih,
ti se ne namećeš ponosnom nebu,
ne nudiš mu ljubavi tvoje
pružajući mu gole, kamenite ruke
u razbludi silovitoj;
ti se smešiš, samo se smešiš.

Kad je stvarao bog ovu zemlju,
to punačko devojče,
stvorenje u koga je srce oganj,
a telo kamen i voda,
na tebi je, Fruško, prorezao lepojci toj
čarobne usne:
ti se smešiš, samo se smešiš.

Taj osmejak pusti,
kad ga je videlo nebo prvi put,
čisto ga gledam, de od milina
rastvori grudi sjajne,
de izli na tebe ljubavni blagoslov,
najplemenitije pleme raja svoga,
čedo ljubavi, anđela strasti:
vino;

čisto ga gledam de ti se hvali rajem,
de ti ga nudi,
taj oduzeti poklon bogovske ćudi
što sam u sebi trune,
neviđen, neuživan i neblagosloven,
de ti ga nudi,
a ti se smešiš, samo se smešiš.

A kad te ugleda usred raja
ono staro drvo,
sviju jabuka pramajka,
prva svetiteljka, grešnica prva,
otvori joj se rana
pod onom jedinom otkinutom peteljkom
i zatrese se.
Stresoše se na tebe jabuke
i u svaku rupicu obraščića tvojih
pade po jedan
zabranjen plod:
u svaku dolinu tvoju pade po jedan
namastir beli.
Na usnama ti plodovi vise
pa zar je i tebi zabranjen plod?
— Ej! tantalski rode, Fruško tantalico!
crvi ga jedu, avetni crvi, a ti? —
a ti se smešiš, samo se smešiš.

MEĐU JAVOM I MED SNOM

Srce moje samohrano,
      ko te dozva u moj dom?
neumorna pletisanko
što pletivo pleteš tanko
      među javom i med snom.

Srce moje, srce ludo,
      šta ti misliš s pletivom?
k'o pletilja ona stara,
dan što plete, noć opara,
      među javom i med snom.

Srce moje, srce kivno,
      ubio te živi grom!
što se ne daš meni živu
razabrati u pletivu
      među javom i med snom!

RAZGOVOR
s uvučenom srpskom zastavom
u mađistratu novosadskom

Zastavo moja, zastavo trojna,
svijeno srce naroda bojna,
zar već u tvojim bojama spava
crvena krvca i krvca plava?
O čemu snivaš kad se ne njijaš?
Je l' te rođeno koplje probolo,
te od beline rođene svijaš
samrtni pokrov na telo golo?
Zastavo moja, zastavo trojna,
svijeno srce naroda bojna,
o čemu snivaš?

Da li se sećaš vekova davnih,
vekova davnih, časova slavnih,
šareni leptir kad si još bila,
po lepom vrtu srpske celine
poletajući s cveta na cvet?
U suncu slave šar ti se krila
divno preliva,
a ti počiva
na cvetnoj ruži dušanske sile
sisajuć' iz nje zanos i svest.

Slavan to beše srpski lepirak
i srpskog vrta zanošljiv mirak,
slava se naša daleko čula,
čula je za nju istočnica bula,
čula je za nju, pa se dokrade,
pod jaglukom joj lepirak pade
zanesen slavom od vrta svog:
Bula mu krila rezati stade
na šaren-gaće za dilber kade
mekog saraja padišinog.
Da li se sećaš još i tih dana,
te crne trage sramotnih rana
srezanim krilom stidljivo skrivaš?
Zastavo moja, zastavo trojna,
svijeno srce naroda bojna,
o čemu snivaš?

Problagovala s' u lakom sanu
sumornu zimu narodnog stida,
al' već i tebi proleće granu,
sarajske čini sa tebe skida;
sunce slobode i krstov znače,
mlada će krila da ti ozrače.
I ti se prenu iz teške kobi,
čauru ropstva krilima probi,
poleti suncu i krstu svetu,
al', još u letu,
stade te piska, stade jauk.
Ne behu to zraci sunašca zlatna,

to beše mreža pauka gladna,
suzama gorkim beljena, prana,
naroda klana, poisisana,
a usred mreže krstaš pauk:
u prepredenoj, golemoj mreži,
srpski lepirak — evo ga leži!
Paučinom si sapet u krili',
gmizavi pauk po tebi mili,
šeće se po tvom srcu strvenu,
sisa ti plavu krv i crvenu,
a ti zar živiš, zar očekivaš?
Zastavo moja, zastavo trojna,
svijeno srce naroda bojna,
o čemu snivaš?

Ako još ima krilatih snova
ispod okova,
oh onda sanjaj oblake crne
što će ih vreli juže da zgrne,
oblake crne, oluje besne
i munje kresne
i grom i jek;
vihar da sapon raskine mreže,
tebe u vrte tvoje donese,
grom da sažeže
pauku vek. —
Il' ako ne mo'š od sreće ružne
zamislit', druže, toplote južne,
bujice lužne, vihore kružne:

a ti bar usni severne stege,
mećave, ciču, smetove, snege,
da krune pršte na čelu živu,
korice mrznu o sablju krivu,
ni krvav porfir da zgrije krv!
a kamo l' krvnik u plaštu sivu,
a kamo l' pauk, a kamo l' crv!
Pa nek i tvoje srce prehladni,
tek da te pauk ne jede gladni,
tek da mi nisi strvini strv!

NA PONOSNOJ LAĐI

Na ponosnoj lađi,
Na lađi ljubavi,
Pošo sam tebe naći,
Ostrovac ubavi.

Zaluto sam daleko,
Di prestaje već svet,
Od sveta sam i bego
I stvaro ga opet.

Metanišuć sam kleko
Na divan otočac,
U uzdisaj se slego
Nametnut poljubac.

OBJESEN

Ostarelo leto bolno,
opada mu kosa gusta,
drvlje suho i nevoljno,
i što osta lišća pusta —
sve je velo,
neveselo.

Al' moje je srce sveže,
proleća se njemu smeše,
pa kada bi lišće velo,
pa kada bi samo htelo
po mom srcu da poleže,
svaki listak što bi pao
k'o cvetak bi ponikao.

Al' umesto lišća vela
jedna se je ruža svela,
pa je pala, pa se rascvetala
posred srca moga vrela;
al' od te će ruže mene
vrelo srce da uvene.

SANTA MARIA DELLA SALUTE

Oprosti, majko sveta, oprosti,
      što naših gora požalih bor,
na kom se, ustuk svakoje zlosti,
      blaženoj tebi podiže dvor;
prezri, nebesnice, vrelo milosti,
      što ti zemaljski sagreši stvor:
Kajan ti ljubim prečiste skute,
Santa Maria della Salute.

Zar nije lepše nosit' lepotu,
      svodova tvojih postati stub,
nego grejući svetsku grehotu
      u pepô spalit' srce i lub;
tonut' o brodu, trunut' u plotu,
      đavolu jelu a vragu dub?
Zar nije lepše vekovat' u te,
Santa Maria della Salute?

Oprosti, majko, mnogo sam strad'o,
      mnoge sam grehe pokaj'o ja;
sve što je srce snivalo mlado,
      sve je to jave slomio ma',
za čim sam čezn'o, čemu se nad'o,
      sve je to davno pepô i pra',

na ugod živu pakosti žute,
Santa Maria della Salute.

Trovalo me je podmuklo, gnjilo,
      al' ipak neću nikoga klet';
štogod je muke na mene bilo,
      da nikog za to ne krivi svet:
Jer, što je duši lomilo krilo,
      te joj u jeku dušilo let,
sve je to s ove glave sa lude,
Santa Maria della Salute!

Tad moja vila preda me granu,
      lepše je ovaj ne vide vid;
iz crnog mraka divna mi svanu,
      k'o pesma slavlja u zorin svit,
svaku mi mahom zaleči ranu,
      al' težoj rani nastade brid:
Što ću od milja, od muke ljute,
Santa Maria della Salute?

Ona me glednu. U dušu svesnu
      nikad još takav ne sinu gled;
tim bi, što iz tog pogleda kresnu,
      svih vasiona stopila led,
sve mi to nudi za čim god čeznu',
      jade pa slade, čemer pa med,
svu svoju dušu, sve svoje žude,
— svu večnost za te, divni trenute! —

Santa Maria della Salute.

Zar meni jadnom sva ta divota?
      Zar meni blago toliko sve?
Zar meni starom, na dnu života,
      ta zlatna voćka što sad tek zre?
Oh, slatka voćko tantalska roda,
      što nisi meni sazrela pre?
Oprosti moje grešne zalute,
Santa Maria della Salute.

Dve se u meni pobiše sile,
      mozak i srce, pamet i slast.
Dugo su bojak strahovit bile,
      k'o besni oluj i stari hrast:
Napokon sile sustaše mile,
      Vijugav mozak održa vlast,
razlog i zapon pameti hude,
Santa Maria della Salute.

Pamet me stegnu, ja srce stisnu',
      utekoh mudro od sreće, lud,
utekoh od nje — a ona svisnu.
      Pomrča sunce, večita stud,
gasnuše zvezde, raj u plač briznu,
      smak sveta nasta i strašni sud —
O, svetski slome, o strašni sude,
Santa Maria della Sallute!

U srcu slomljen, zbunjen u glavi,
    spomen je njezin sveti mi hram.
Tad mi se ona od onud javi,
    k'o da se Bog mi pojavi sam:
U duši bola led mi se kravi,
    kroz nju sad vidim, od nje sve znam,
za što se mudrački mozgovi mute,
Santa Maria della Salute.

Dođe mi u snu. Ne kad je zove
    silnih mi želja navreli roj,
ona mi dođe kad njojzi gove,
    tajne su sile sluškinje njoj.
Navek su sa njom pojave nove,
    zemnih milina nebeski kroj.
Tako mi do nje prostire pute,
Santa Maria della Salute.

U nas je sve k'o u muža i žene,
    samo što nije briga i rad,
sve su miline, al' nežežene,
    strast nam se blaži u rajski hlad;
starija ona sad je od mene,
    tamo ću biti dosta joj mlad,
gde svih vremena razlike ćute,
Santa Maria della Salute.

A naša deca pesme su moje,
    tih sastanaka večiti trag;

to se ne piše, to se ne poje,
　　　samo što dušom probije zrak.
To razumemo samo nas dvoje,
　　　to je i raju prinovak drag,
to tek u zanosu proroci slute,
Santa Maria della Salute.

A kad mi dođe da prsne glava
　　　o tog života hridovit kraj,
najlepši san mi postaće java,
　　　moj ropac njeno: „Evo me, naj!"
Iz ništavila u slavu slâvâ,
　　　iz beznjenice u raj, u raj!
　　　U raj, u raj, u njezin zagrljaj!
Sve se želje tu da probude,
dušine žice sve da progude,
zadivićemo svetske kolute,
bogove silne, kamo li ljude,
zvezdama ćemo pomerit' pute,
suncima zasut' seljenske stude,
da u sve kute zore zarude,
da od miline dusi polude,
Santa Maria della Salute.

VOJISLAV ILIĆ

ZIMSKO JUTRO

Jutro je. Oštar mraz spalio zeleno lisje,
A tanak i beo sneg pokrio polja i ravni,
I sniski, trščani krov. U dalji gube se brezi
I kruže vidokrug tavni.

U selu vlada mir. Još niko ustao nije,
A budan petao već, živosno lupnuvši krilom,
Pozdravlja zimski dan — i zvučnim remeti glasom
Taj mir u času milom.

Il' katkad samo tek zviždanje jasno se čuje
i težak, promuko glas. To lovac prolazi selom,
i brze mameći pse, poguren u polje žuri,
Pokriven koprenom belom.

Svuda je pustoš i mir. Noćna se kandila gase
A sveži, jutarnji dah, preleće doline mirne,
I šum se razleže blag, kad svojim studenim krilom
U gole grančice dirne...

SUMNJA

U ranoj mladosti poznô sam je lepo,
Njeno bledo lice, zamišljeno čelo;
Ja još ljubljah tada i verovah slepo,
I u svemu videh savršeno delo.

Al' ona se javi jedne bajne noći,
Kad uživah ljubav u čistoj slobodi;
„Hajde", reče sumnja, „ti ćeš sa mnom poći,
Da tražimo puta, što istini vodi."

Ja istinu volim, pa se dignem s njome,
No polazak beše pun borbe i tuge;
I ja dugo plakah u lutanju svome,
I u vedre dane, i u noći duge.

Vekovi su prošli i vremena duga,
Mnoga carstva pala, a mnoga se digla;
Ali moja sumnja, kô i moja tuga,
Još nikako nije svome kraju stigla.

A moja me mudrost mami svakog dana,
Da se natrag vratim u predele sretne,
Gde srebrni vali tihoga Jordana
Zapljuskuju polja i obale cvetne —

Gde bezbrižni pastir u čudnoj samoći
Sluša tajni šumor sa Mrtvoga mora,
I skromno veruje, da u tihoj noći
To sâm gospod ide preko mirnih gora.

NAD BEOGRADOM

Spomeniče nemi prohujalih dana,
Zašto ti je čelo sumorno i tavno?
Da l' se sećaš, možda, krvavih megdana,
Što digoše u zrak tvoje ime slavno?

Il' grobove brojiš tuđinskih sinova,
Što padoše redom pod zidine tvoje,
— Zaneseni čarom osvajačkih snova
Daleko od krila domovine svoje?

Jest, i sada često, kad te kroz noć gledam,
Ukažu se ljudske gorostasne seni:
S razmrskanim grudma, sa čelima bledim,
I usnama hladnim u krvavoj peni...

I ja slušam šapat nepojmljivog zbora,
Šapat koji tiho umire i tone...
To je, možda, izraz dubokoga bola?
To su, možda, reči koje kletvom zvone?

O, koliko snova, nadanja i muka
Zariveno leži u kamenju tvome,
Što ih sruši smrti oružana ruka
U danima slave, u pomamu svome!

I ti jošte živiš!... Tvoju sedu glavu
Ne položi u grob tako burno vreme!
Možda čekaš snova poništenu slavu,
Taj bleđani prizrak budućnosti neme?

ZVEZDA

Noć je vedra, blaga,
Bledi mesec sja,
U milini tone
Vasiona sva.

I zvezdice mile
Rasipaju zrak...
Samo jedna trepnu,
Pa je pokri mrak.

Čija beše zvezda?
Bog jedini zna!
Spokojna je, mirna,
Vasiona sva.

LJUBAV

O što me, srce, goniš ti,
I moriš duha moć?
Sunce je zašlo — mirno spi,
Tavna se spušta noć...

Da, tija ponoć širi let,
Sve živo sneva san;
U svetle snove pada svet,
I svetli čeka dan;

Al' noć kad padne, bajna noć!
Počinjem pesmu ja
I te je pesme silna moć,
Mladost joj ime zna!

I stokratno je srećan svak
Te pesme ko je plen;
Života u njoj trepti zrak,
I bol je sladak njen!

O, pusti da njom pevam ja
I sreću, bol i jad:
Jer teško tebi ako ta
Izumre pesma kad!

ISPOVEST

I

Na trošnom čunu, bez krma i nade,
U meni vera gubi se i mre;
Ja ništa više ne verujem, ništa!
Il' bolje reći: ja verujem sve.

Na moru burnom ljudskoga života
Prerano ja sam upoznao svet:
Za mene život ništava je senka,
Za mene život otrovan je cvet.

Trpi i živi!... Prijatelju dragi,
O mnogom čemu mislio sam ja
O blago onom ko ne misli ništa,
Taj manje tuži, manje jada zna!

Veselo čedo Arkadije cvetne,
On ne zna šta je trnje, šta je kam;
Za kršne klance on je slušô možda.
Ali po njima nije išô sam.

Za njega svet je perivoj od ruža,
Po cveću šeće kao paun mlad,

Njegova duša jezero je mirno,
Njegov se nikad ne koleba nad.

II

Burne su strasti izvor mnogih zala,
Nesreći ljudskoj početak je strast;
More života one strašno mute,
Nad ljudskom dušom njihova je vlast.

Triumvir silni, ovladatelj sveta,
Prezire gordo u zanosu sve,
I vojsku svoju žrtvuje i carstvo,
I, grozno pavši, od ljubavi mre.

Akcijum vide neizbrojne žrtve,
Požar galija, porazu i jad
Mnoga je zvezda utrnula tada,
Mnoga je majka zakukala tad!

Čudni su puti kojim strasti vode,
Al' sve što živi ove pute zna:
Sadašnjost njina nepobedljiv grad je,
Prošlost je njina pepeo i pra'.

Pa kad je tako — tako mora da je!
Zalud je, dakle, kuknjava i plač:
U borbi s njima ne pomaže ništa
Blažena mudrost, očajnički mač.

III

Sve što god živi — svom se padu kloni;
Promenom vreme označava hod;
Ono nam daje veru i obara,
Slabi i snažni ceo ljudski rod.

Na trošnom čunu, bez krma i nade,
U meni vera gubi se i mre;
Ja ništa više ne priznajem, ništa!
Il' bolje reći: ja priznajem sve.

Za vlade silnog Avgusta, u Rimu,
Umire Hristos... Ah, nije on sam:
Hiljade ginu na raspeću svome,
Hiljade ljudi ždere žar i plam!

U krv ogreznu, trupinom se pokri,
I cirk, i forum, i polje, i grad,
I snova vera iz krvi se diže,
I snova svetli zablista se nad.

Al' burne težnje ljudskog samoljublja
Stvoriše papu — i stvoriše s njim
Čitave vojske groznih Torkvemada,
I Rim je opet onaj stari Rim!

IV

Istina gde je?... Idi svojom stazom,
Al' poznaj sebe, pa da poznaš nju;
Koračaj mirno po uskome putu,
I budi skroman — istina je tu.

Al' šta me goni, te se umom krećem
Međ sjajne zvezde, u pučine dno?
Kakve me tamo očekuju tajne?
Ima li kraja tumaranje to?

Tavnim se večnost zaogrće plaštom,
Al' slab je razum da ga digne s nje:
Pogledaj napred — ne vidi se ništa,
Pogledaj natrag — ništavo je sve...

Kô smoren putnik u dubokoj noći,
Što zaman baca mutni pogled svoj,
I razum ljudski tako isto luta,
I strašno kliče u nevolji toj

Al' nigde glasa... Nigde stanka nema,
Umornu svoju da okrepi moć,
Odjek se gubi, sustaje i pada,
I svud se širi noć, duboka noć!

V

Samo kad prošlost probudi se drevna,
I stare sreće zagreje me žar,
Očajne suze pomute mi pogled,
U duši sine zaboravljen čar.

Ja ljubim onda, ja verujem onda,
Srećne mladosti obuzme me kras,
I moje lire drhtajući zvuci
Svoj sanjalački kroz noć šire glas:

Prošlost je groblje. Preko surih ploča
Tumara seda starost. Korov gust
Pokriva staze i grobove neme
I sav predeo, sumoran i pust.

Na trošni spomen ona spušta glavu,
A povetarac leluja sedu vlas...
Srce se stvara u kam, duša ledi,
A na usnama izumire glas

I samo suze teku... Tavna prošlost
Ponovo sine, kao lepi san,
Nebo se, možda, grozi, zemlja stresa,
Al' roblje svoje ne ispušta van.

ELEGIJA

Hladna je jesen; i sumorno veče
Nad pustim poljem razastire mrak;
A studen vetar sa uvelim lišćem
Talasa, seče magloviti zrak.

I nigde zraka od života nema,
Proletnji davno izumro je kras;
Kišica sipi... A iz sela malog
Večernjeg zvona razleže se glas...

I strahom srce učas se pritaji
Gledajuć mutno na jesenji dan
Ah, šta su snovi i beskrajne želje,
Kad život pada kao tihi san...

NA SLICI TIJANINOJ

Život je ljudski što i dim,
Bezbrojne slike lete s njim
Za jedan dan, za jedan čas,
Pa kao i njih nestaje nas.
Zalud ih čovek natrag zove,
Spokojno one zrakom plove;
Ni molbe naše ni naš jad
Ne čuju one više tad;
I samo tužna uspomena
Ostaje dalje za vremena.

LJUBIM TE, DUŠO

Sumračak pada; tišina se svija,
U milu tone vasiona sva;
Večernja zvezda treperi i sija:

Veselo sve je — samo nisam ja!
Nemir mi stiskô umorene grudi,
Nesrećno srce što ljubiti zna!

Kroz tiha polja srdašce mi žudi
Daleko tamo, u bajniji svet:
Da zlato svoje iza sanka budi

Uz glasak frule, uz uzdisaj klet...
Il' da joj šapne povetarcem blagim:
Ljubim te, dušo, više nego svet!

MOJIM PRIJATELJIMA

1.
Šta ja hoću? Čemu srce žudi?
Ah, ta ko bi razumeti mogô...
A želja je ognjevitih mnogo,
Što mi ognjem raspaljuju grudi.
Moja duša od detinjskih dana
Stremila je u burnome letu
U predele zanošljivih strana,
Nekom čudnom, nepoznatam svetu,
Gde radošću sve živo miriše
I večitom harmonijom diše.

2.
Sad ne žalim obmanute nade,
Niti letim u nebeske strane;
Ja ne tražim prijatelje mlade,
Moje davno pogubljene dane!
Ja ne ištem nežnog sažaljenja
Od ledenih i paklenih ljudi:
U danima gorkoga mučenja
Njinim ledom zamrzô sam grudi...
Vaši borci mene malo plaše,
Hladno pljujem na svetinje vaše!

3.
No jesenji kada stignu dani,
I na put se lastavica krene,
Prijatelji, setite se mene
U dalekoj, nepoznatoj strani
I u vašem prijateljskom krugu
Podignite napunjene čaše,
Nazdravite svome vernom drugu
Iz mladosti, iz prošlosti vaše
A vetar će pozdrav mi doneti
Kroz dubrave i mračne vrleti.

JEDNA NOĆ

Na trošnoj klupi, blizu starog zida,
Gde burjan raste; i predeo pust
Pred mutnim okom gubi se iz vida,
Sanjivi bršljan nikao je gust.

Bilo je veče. Po nebeskom visu
Kandila bleda sipala su zrak,
I budni popac pevao je blizu,
Kroz tiho veče i duboki mrak.

O, bajne noći! mislio sam tada,
I opet meni beše pusto sve
Kô mladom orlu, kad ga želja svlada,
Što napred hoće — ali ne zna gde?

I laki šušanj iz misli me trže;
To beše anđô nespokojstva mog,
I noć se uzvi, i koprenu vrže,
Na bledo čelo pratioca svog...

A sanjiv bršljan iz trave se diže
Ja strasno grlih njezin mili stas,
A on joj blago do kosice stiže,
I vencem uvi raspletenu vlas.

MOLITVA

Kad jeknu zvona s crkvice stare,
Tiho i bôno, kroz noćni mrak,
A suvo granje zašušti blago,
Ljubeći prvi zoričin zrak

Svetinje puna, duša mi leće
Tamo, gde večni boravi Bog,
Pa mu se moli molitvom blagom:
O, čuvaj, Bože, anđela mog!

Anđela onog što bludi noću,
I s duše goni nesnosan san,
I duši mojoj kreposti daje,
U gorki časak, u strašan dan.

Anđelskim krilom neka me štiti,
Kroz život ovaj mučan i klet
A smrt kad dođe, nek sa mnom onda,
Ka nebu zračni upravi let!

U POZNU JESEN

Čuj kako jauče vetar kroz puste poljane naše,
I guste slojeve magle u vlažni valja dô...
Sa krikom uzleće gavran i kruži nad mojom glavom,
Mutno je nebo svo.

Frkće okisô konjic i žurno u selo grabi,
I već pred sobom vidim ubog i stari dom:
Na pragu starica stoji i mokru živinu vabi,
I s repom kosmatim svojim ogroman zeljov s njom.

A vetar sumorno zviždi kroz crna i pusta polja,
I guste slojeve magle u vlažni vala dô...
Sa krikom uzleće gavran i kruži nad mojom glavom,
Mutno je nebo svo.

POSLEDNJI GOST

Ponoć je odavno prošla. U krčmi nikoga nema,
Osim krčmara starog, što zguren, kraj toplog plama,
Pretura debelu knjigu. Napolju mrtvilo vlada,
I sitna kišica sipi i gusta caruje tama.

U tom se kucanje začu. U krčmu uđe naglo
Čudnovat nekakav gost; usne mu grozno se smeše;
Iz praznih šupljina očnih studena pustoš se širi
U ruci držaše kosu. To samrt ledena beše.

Krčmar je dremao mirno, držeći debelu knjigu,
Kad samrt tiho mu priđe i mirno stade nad njime,
Pa onda uzede pero s krčmarskog prljavog stola,
I svojom mrtvačkom rukom zapisa sopstveno ime —

I zatim u budžak ode. Iz tanke polutame
Strašno se kezila otud... Vetar je sa vlažnom rukom
Tresao prozore mutne i teška hrastova vrata,
Zviždeći kroz praznu krčmu sumornim i strašnim zvukom.

DUH PROŠLOSTI

Sa starih ruina, kad ponoć caruje svudi,
Diže se prošlosti duh. Ozaren buktinjom slave,
On tajom žudi, il' kroz noć sumorno bludi,
Kô bledi prizrak umrlih snova i jave

I tihom pesmom, i blagim nebeskim glasom,
On s tugom budi prošlosti davno vreme;
I smerne zvezde trepere čudnim krasom,
Dok pesma tone u beskraje neme...

Sve strepi, sluša... I pastir iza sna se budi,
Pa svu noć prati sumorne ove glase,
I zalud odziv čeka — već plava zorica rudi,
I bleda kandila noći na plavom nebu se gase...

LJUBIČICA

Međ gustom travom, skrivena od celog sveta,
Mirno i tiho ljubica cveta plava,
I lepo lisje nežnog i bajnog cveta
Strnjika krije i gusta, visoka trava.

Nit potok teče tuda, nit slavuj pesmice poje,
Priroda divlja sumorna krila širi;
A lepi cvetak ne svija lisje svoje,
Već diže stablo i cveta, i slatko miri.

E, tako i ti razvedri anđelsko lice,
I budi srećna u divljoj i pustoj strani
Kô plavi cvet pitome ljubičice,
Strpljenjem svojim što sebe štiti i brani!

JESEN

K'o gorda carica i bajna, sa snopom zlatnoga klasja,
Na polju jesen stoji. Sa njene dražesne glave
Lisnatih vreža splet čarobno spušta se dole,
Do same mirisne trave.

Puhorom posut grozd u jednoj podigla ruci,
I slatko smeši se na nj. Pitome i blage ćudi,
Priprema ona spokojne večeri i dan,
I žetvu bogatu nudi.

Kako je mamljivo sve! Na starom ognjištu mirno
Puckara crvenkast plam. Kad magla pokrije ravni
I vlagom ispuni zrak, tu prošlost vaskrsne drevna,
I gatke vremena davni'.

I pozno u tavnu noć razgovor spokojno bruji,
Dok dremež ne svlada sve. I strasno šaptanje tada
Kroz mirni prosusti dom — al' i to gubi se brzo,
I san lagano pada...

ANĐEO MIRA

Noć duboka vlada, i sve živo spava,
Na starome tornju ponoć otkucava.

I u tome času, sa grančicom krina,
Anđeo se spusti sa rajskih visina.

Sve pospalo ćuti, niko se ne budi;
Ne vide ga zveri, ne vide ga ljudi.

Al' oseća granje — pa se tiho svija,
Oseća ga lahor — pa slatko ćarlija.

I anđeo mira, kroz duboku tamu,
Spusti se pred oltar u pustome hramu.

Pa prekrstiv ruke na blažene grudi,
Rujnu zoru čeka, da nebom zarudi.

VEČE

Rumene pruge već šaraju daleki zapad,
Klonuo počiva svet. Sa mirnih dalekih polja
Umorni ratar s pesmom žurno se noćištu sprema,
I samo čas po čas zaječi šarena dola

Od škripe točkova kolskih. Goneći vesela stada
Bezbrižno pastir mlad u zvučne dvojnice svira,
A njegov kosmati pas, podvivši repinu leno,
Korača upored s njim. Koprena dubokog mira

Uvija polja i ravni. Rumene pruge se gase
I bledi mesečev zrak, svetilo nebeskih dvora,
Kroz maglu diže se već — i nema, duboka tama
Dovodi bajnu noć sa sinjeg neznanog mora.

Sve grli mir i san. Pokašto zaurla samo
Susedov stari pas, il' pozno došavši s rada,
Ispreže ratar plug i stoku umornu poji,
I đeram škripi sve i voda žuboreć' pada.

GRM

Munjom opaljen grm na surom proplanku stoji,
Kô crn i mračan div. I guste travice splet
Gordi mu uvija stas — i gorski nestašan lahor
Leluja šaren cvet.

I zima dođe već, i svojom studenom rukom
Pokida nakit sav i goru obnaži svu,
Aľ mnoga zima još sa hladnim vetrom će doći,
A on će biti tu.

NA STENI

Zevsova plamena strela na stenu udari dole,
I stena na dvoje puče... Brujeći u toku svome,
Vodopad rastrese grivu i obe razdvoji pole,
I burni njegov let
Sa gorskom studenom strujom u cvetne poteče ravni,
U tuđ, u dalek svet.
U rano proleće tamo surovi gorštak se vere,
Slušajuć srdite vale, što hrašće stoletno lome;
I smelo, nad ponor nagnut, majkinu dušicu bere,
I peva sumornu pesmu o tužnom rastanku svome;
I čudni njegov glas
U meni dušu stresa, kô lahor što stresa krilom
Zeleni viti klas.

VEČE JE ODAVNO PROŠLO...

Veče je odavno prošlo... U šumarcima gustim
Bezbrojnih, malenih tica zvučni je stao hor;
Ponoć je spustila veo. Po dolinama pustim
Umukô ljudski zbor.

Samo Dunav šumi u mraku i samoći,
Il' katkad odjekne zvučno protegnut, jasan glas;
To ribar ribara kliče po tavnoj dubokoj noći,
I njihov surovi usklik doleće čak do nas.

A po obali cvetnoj mi sami bludimo dvoje,
Nežno ti stežem ruku, i slušam u noći toj
Isprekidani uzdah, i burno disanje tvoje,
I stidljiv šapat tvoj...

U NOĆI

Za daljna brda beli dan se skriva,
I tavne noći povija se sen;
Dubrava nema, kô da večnost sniva,
Potmulo huji... U zasenak njen

Po uskoj stazi ja se budan krećem
I slušam šumor kroz duboki mrak
I gledam zemlju, okićenu cvećem
I žudno pijem mirišljavi zrak.

Preda mnom potok vije se i krade
Kô sjajna pruga, svetao i čist,
I baca iskre na grančice mlade,
Na šaren cvetak, na zeleni list.

Uokrug mene tišina je samo,
Kroz brsno granje bledi mesec sja
Ja bludim dalje... Al' kuda? i kamo?
Nit' razum kaže, niti srce zna!

Počiva zemlja, počivaju ljudi,
Osećam čisto kako diše noć;
Al' moje srce, ali moje grudi,
spokojstva slatkog ne poznaju moć.

Pa ipak, ja bih do zorice rane,
Bludio tako po tišini toj.
Slušajuć' kako dotiču se grane,
I tiho šire tajni šapat svoj...

SUVA, KRŽLJAVA KRUŠKA...

Suva, kržljava kruška, kô crna ogromna ruka,
Sumorno nada mnom stoji. I krive njezine grane
Nakazno pružene strše s izrazom paklenih muka,
Kô da me poslednjom snagom od misli očajnih brane.

ELEGIJA

Pod senkom drevnih šuma potoci tiho streme.
Orošen ljube cvet,
I gusto gorsko granje pećine čuva neme,
Čarobni čuva svet.
Tu mutan, mračni pogled sumorno gorom luta,
Prošlosti traži sled,
Aľ sve je tako tužno... i s travnog svoga puta
Tuđinac hitam bled.
Gle, na tom surom stablu njezino drago ime
Još vreme štedi zar?
Srce se moje budi, i moja prošlost s njime,
I mog proleća čar
Ali nje nema više. Pod nebom daljnog juga
Počiva ona san;
Nad njome šumori paprat i vernog ne čuje druga
U majski vedri dan.

PASTIR

Tihano se nojca na zemljicu svija
Pa lagano živo koprenom uvija.
Svud je tiho, nemo, kô u svetom hramu,
Samo mesec bledi osijava tamu.
Kô kandilo bledo pred gospodom sveta,
Tako trepti svetlost sa čela mu bleda...

A daleko tamo, gde se gora diže,
Okićena cvećem, plavom nebu bliže;
Gde zanosno slavuj o ljubavi zbori;
Gde potočić tiho žubori, žubori,
Snevajući rajske čari i milinu,
Zagledô se pastir u daljnu daljinu.

I zanesen pogled hitro mu se kreće,
Čas u nebo ode, čas na cveće sleće;
Sad se gubi, tone u sumračak plavi,
Sad se opet lako međ ovcama javi.
I bludeći tako na jezero pade,
Pa po njemu — jade! — kô zakovan stade:

U jezeru plavom čudna moma pliva,
Kakvu bolna duša u zanosu sniva
Nebrežljivo plovi, raspustila kose,

Zaneseni nek ih talasići nose!
A talasić svaki jednom željom žudi,
Da joj srećan padne na mirisne grudi!

Gleda pastir, gleda, pa se čudu čudi,
A nejasna želja raspinje mu grudi;
Pa ga goni, kreće, gde i ona sleće,
Na usnice momi — na mirisno cveće!
Pamet mu se muti, srce bije jako,
I pastir se kreće jezeru polako...

Bledi mesec gleda čudnovatu javu,
Pa zracima šara površinu plavu;
Snuždilo se cveće, umukli slavuji,
Nigde živog glasa gorom da zabruji!
I ponoć se blaga vijnu, da prevali;
Al' zaječa gora, zapljusnuše vali!

Gde je pastir? Moma? Nestalo ih! Nema!
Svud je tiho, mirno, tišina je nema;
Samo laki vali u krugu se gube,
Pa studenom strujom obalicu ljube...
I kroz čarnu goru, sumornoga lika,
Jasno zvonce zvoni s ovna predvodnika.

JOVAN DUČIĆ

PESMA

Nikad ne znam kud će nova pesma hteti,
Novoj sreći ili bolu stare rane;
Da kao molitva u nebo poleti,
Ili kao kaplja otrova da kane.

Samo čujem poklič u dnu duha svoga,
Kao vest proročku, kroz noć, s brega pusta;
I ja čujem blage reči večitoga
Kako mi prolaze kroz srce i usta.

Tad sve kanda znadem pojmiti i reći,
I pogađam tajnu skrivenu od sviju:
Da pretvorim u stih bol od svega veći,
I jad u molitvu i u harmoniju.

I ljubav što čezne, i jed što se gnuša,
Sve je samo pesma: dok mre u dubini
Sva u čudnu svetlost obučena duša —
Kao zvezda što se raspada u tmini.
I dok se u miru tka večito tkivo,
Huji glas stvaranja i ritam rasula,
I dok u te sate još strasno i živo
Sve saznaju moja opijena čula —

Ja znam da nestajem u šumu što bludi,
Sa svakim korakom kojim noga kroči:
Stran za pravu sreću i pravi bol ljudi —
Upirući k nebu začuđene oči.

ZIMSKI PASTEL

Zgurena na snegu seoska kapela
Zebe usred groblja. Nebesa su bela.
Niotkud ni vetra da se javi šumom,
I zaplače gdegod za krstom, za humom.

Niti smrzlo zvono čas da kucne koji,
Ukočeno, mirno, još skazaljka stoji,
Pokazujuć tako sred doline neme
Sat, kada je najzad umrlo i vreme.

JEDNE VEČERI U SUTON

Nebesa behu mutna i razdrta,
Studen u nemoj sobnoj polutami;
I dopiraše iz samotnog vrta
Muzika kiše. Mi smo bili sami.

Hujaše negde vetar oko vile
Pesmu o tuzi. I ja gledah tako
Na njenom čelu i licu od svile,
Gde mutno veče umire, polako.

Mi besmo nemi; ali mi se čini
To veče da smo u ćutanju dugom,
Sami i tužni u hladnoj tišini,
Svu povest srca rekli jedno drugom.

I tajne misli bolne i zloslutne,
I strah od patnja kojih nema više...
Slušajuć tako te večeri mutne
Vetrova pesmu i muziku kiše.

SAMOĆA

Leži reka rasuta u mraku,
Mrtva, bela. Ne čujem da prska
Ni talasić izmeđ gustih trska,
Ni ptić rečni gdegod u vrbaku.

Samo drhte u providnoj tmini
Dve-tri zvezde bele u dnu svoda;
I diže se iznad nemih voda
Crn siluet šume u visini.

Dok blisnuše nebesa u času,
I šum čudan prođe po samoći,
Miris lipa dolinom se rasu:
Jedna duša minu posred noći...

BOGU

Nikad se nisam na te bacio kamenom,
Niti u svome duhu tvoj sjaj odricao;
I svoj put pređoh ceo sa tvojim znamenom,
Svugde sam tebe zvao i svud te klicao.

Iz sviju stvari ti si u mene gledao,
Tvoj gromki glas sam čuo u morskom ćutanju...
S bolom pred noge tvoje svagda se predao,
Samo za tvojim žiškom sledio putanju.

A od tebe se nikad nisam odvajao,
Stoga i ne beh samac u dnu svih osama...
Zbog tebe sam se kleo i za te kajao,
Kad padne gorko veče po gorskim kosama.

U mašti sam ti bele svud crkve zidao;
I za molitve sam tvoje u zvona zvonio;
Za tvoga blagog Sina i ja sam ridao;
I đavola sam crnog s tvog krsta gonio.

A ti što sazda sunca i plod oranice,
Bio si samo Slutnja, bolna i stravična:
Jer svaka Istina duha znade za granice,
Jedino naša Slutnja stoji bezgranična.

PUT

Da pođem uz reku, sve do vrela,
Da znam i izvor i ušće!
Ali me najzad i noć srela,
A crno trnje sve gušće.

Padne li zvezda s nemim mrakom,
I ode iz sene u senu,
Srce se digne njenim trakom:
Ka mestu otkuda krenu.

Gde je taj svetli izvor, šta je
Ta istina prva, daleka?
Ne vodi ništa u te kraje!
Sve dublja i crnja je reka.

Da najzad s čistog zahvatim vrela!
Da spojim izvor i ušće!
Ali me najzad i noć srela,
A crno trnje sve gušće.

Tako selica jato gladno,
Sve more prešavši zračno,
Padne po trnju: za njim hladno,
A pred njim nemo i mračno.

SLUŠANJE
Iz Dubrovnika

Kada padne veče povrh vode plave,
I zasvetle Mlečni Puti iz daleka,
Tada kao ptica iz svog gnezda meka,
Sve od mahovine i od morske trave,

Prhne moja duša. I želje što dave,
I biju, i more, još od pamtiveka,
Nju izmame tako u tuzi bez leka...
Dok ponoćne zvezde šume iznad glave.

Kô svileni crni noćni galeb, tako
Moja duša pada na talas, polako,
I zaspi u svojim suzama, kô dete.

A kad je probudi srebrnasta zora,
U njoj vas dan šumi noćna pesma mora,
Puna jedne bolne neutešne sete.

SENKA

Ide sen moja pored mene,
Ognjena sablast i džin modar;
Preda mnom kao vođ bez smene,
Kao žbir za mnom, nem i bodar.

Pred šumom presta da me prati,
Za šumom već me opet čeka;
Pred prag će crkve zbunjen stati —
Taj prediskonski strah čoveka.

Taj znak što mrkne i što sjaje,
Taj govor neba rečju tamnom!
Dokle će ići i što traje —
Ta gorka igra sunca sa mnom?

Sve će pod nebom dalje sjati,
A sen i čovek, dva blizanca,
Na raskršću će nekom stati
Da oba zbace teret lanca...

No tražiće se, dok dan sija,
Dve sudbe večno sjedinjene:
Senka od zemlje bezmernija,
I čovek lakši i od sene.

NOĆ

Padaju sutoni prvi plavi,
I zvezda već zrači s rečnog dna.
Zasipa s topola mir po travi...
Anđeli veslaju barke sna.

Nestaje i s danom deo mene,
Putima neznanim kud i sve...
Lagano kao što i cvet vene,
Umiru jeseni hladne, zle.

A kada u trenut neki kasni
Sve stvari zažele zadnjeg sna —
Pred kim će poći da negde zaspi
Ledena zvezda sa rečnog dna?

DUŠA

Zašto plačeš, draga, svu noć i dan ceo:
Izgubljena sreća još je uvek sreća!
I taj jad u duši što te na nju seća,
To je jedan njezin zaostali deo.

Ne daj mutnoj suzi na sumorno oko:
Sreća nikad ne mre, ni onda kad mine.
Taj eho kog jedva čuješ iz daljine,
To još ona zbori u tebi duboko —

U samotne noći, kad žalosno šume
Reke pune zvezda, gore pune sena...
Do sluha ta pesma ne dopire njena,
No duša je sluti, čuje, i razume...

NAPOR

Kada me zamori ravnodušno, bedno
Vreme, u časima bezbojnim i sivim,
Rađa mi se želja: ja bih da doživim
Ili sreću ili nesreću, svejedno.

I ta tamna želja negde u dnu grudi
Raste, kô poplava kakve mračne sene.
I svakoga jutra budna je pre mene;
I često zagreje, i često zastudi.

U duši zasvetli... koje je to doba:
Zora ili veče? Plam što je zablisto;
Šta je? Mislim ljubav, a ono je zloba!...
A meni se čini tako jedno isto...

LJUBAV

Je li ovo ljubav, ili bolna jedna
Potreba da ljubim? Ova želja plava,
Je li želja srca moćnoga i čedna?
Ili napor duše koja malaksava?

Je li ovo žena koju ljubim, zbilja?
Il' sen na prolasku preko moga puta,
Tumaranje misli bez svesti i cilja,
I sve delo jednog bolnoga minuta!

Ne znam; no na međi toga sna i jave,
Vidim moje srce da čezne i pati.
I suze kad dođu, rane zakrvave —
Ja ni onda od tog ništa neću znati.

TAMA

Iza jablanova još ni sad ne žuti
Zadocneli mesec. Još sa crnih trava
Duva tamni vetrić. Kako strašno ćuti
Proleće u noći, proleće što spava...

A iz bledog neba u toj nemoj tmini,
Često kô da tiho crni sneg povrvi.
Kakvo kobno veče! U bolnoj tišini
Čini mi se čujem huku svoje krvi.

Čujem u dnu duše glas nekakav setno,
Kô glas u dubini noći. To je samo
Jedna mutna želja prošla neosetno,
Ko bi znao za čim, ko bi znao kamo.

DOSADA

Celo poslepodne na mom pragu sedi
Dosada, i gleda nalakćena mene.
Oči su joj mutne, čelične, studene,
A usne zamrzle i obrazi bledi.

Ne čuje se nikad da pomuti dahom
Ni trenut tišine za to celo doba.
Dan umire mirno: a moja je soba
Ispunjena čudnim slutnjama i strahom.

I nemo i sporo osluškuje tada
Neku tamnu jesen u duši, gde tako
Dan gasne bez tuge, bez svesti, polako...
I čujem, u meni list za listom pada.

STRAH

Zašto volim tako sve ono što mine,
I radost, i bole? S kakvom željom tamnom
Ja lakomo slušam taj glas iz daljine,
I pogledam na put koji osta za mnom?

Kakva je to veza izmeđ duše sada,
I tih dana što su protekli, kô voda?
Zašto većma volim veče koje pada,
No purpurnu kišu iz jutrenjeg svoda?

Često mi se čini da kô noćna plima,
Sve u meni šumi od spomena sivi:
I da mi je srce prepuno, i ima
Strah da ide dalje i da što doživi.

ZAMOR

Oči su ti danas pune tople tajne,
Po poljubac ima u pogledu svakom;
I ima u glasu tužnom, nejednakom,
Obećanje sreće nove i beskrajne.

Dosta, jadna ženo, sve je zalud! Dosta!
Mi smo jedno drugom davno sve već dali.
Pogasimo lampe pira! Kao vali,
Sve je već proteklo, i ničeg ne osta...

Još jedan dan samo hteli bi svom snagom,
Jedan, samo jedan! Vaj, dok se, sve brže,
Kroz kobnu noć čuje kako besno rže
Par zlih crnih konja, već spremnih, pred pragom.

REFREN

Snevaj, da uvidiš da prolazni snovi
Još najbliže stoje postojanoj sreći;
Da ne pitaš nikad, zašto jadi ovi,
A ne koji drugi, a ne koji treći.

Ljubi, ljubi silno, uvek istovetan,
U ljubavi samo ti ćeš jasno znati:
Kako malo treba da se bude sretan,
I sto puta manje da se večno pati.

I umri, da spaseš verovanje čisto,
Da si kadgod stao pred istinom golom:
I da u životu nisi jedno isto
Jednom zvao srećom, a drugi put bolom.

VRAĆANJE

Kad mi opet dođeš, ti mi priđi tada,
Ali ne kô žena što čezne i voli,
Nego kao sestra bratu koji strada,
Tražeć mekom rukom mesto gde ga boli.

Puna nostalgije beznadežne, duge,
Ne sećaj me nikad da bi mogla doći
Zadocnela radost iz dubine tuge,
Kô ponoćno sunce iz dubine noći.

Jer ti ne znaš, bedna! kroz sve dane duge
Da te voljah mesto ko zna koje žene!
U tvom čaru ljubljah sav čar neke druge...
I ti beše samo sen nečije sene...

POLJE

Ječmena žuta polja zrela,
Rečni se plićak zrači;
Kupina sja sunčana, vrela,
Tu zmija košulju svlači.

Put prašljiv kud se mrâva vuče
Za četom crna četa;
Železnu žicu cvrčak suče,
Najdužu ovog leta.

I skakavaca minu jato...
S topola jastreb mladi
Baci u sunčev sjaj i zlato
Svoj krik večite gladi.

PODNE

Nad ostrvom punim čempresa i bora,
Mlado, krupno sunce prži, puno plama;
I trepti nad šumom i nad obalama
Slan i modar miris proletnjega mora.

Ljubičaste gore, granitne, do svoda,
Zrcale se u dnu; mirno i bez pene,
Površina šušti i celiva stene;
Svod se svetli topal, staklen, iznad voda.

Prah sunčani trepti nad ispranim peskom,
I srebrni galeb ponekad se vidi,
Svetluca nad vodom. I mirišu hridi
Mirisom od riba i modrijem vreskom.

Sve je tako tiho. I u mojoj duši
Produženo vidim ovo mirno more:
Šume oleandra, ljubičaste gore,
I bled obzor što se proteže i puši.

Nemo stoje u njoj srebrnaste, rodne
Obale i vrti; i svetli i pali
Mlado, krupno sunce; i ne šušte vali —
Galeb još svetluca. Mir. Svuda je podne.

TIŠINA

Zaboravljen predeo u proplanku dugom,
Obale pod teškom tišinom i travom.
Tu večernje vode huje tihom tugom,
A žalosne vrbe šume zaboravom.

U zelenoj jasnoj pomrčini granja,
Tu nađem Samoću, u ćutanju večnom,
Bledu, pokraj reke; tu sedi i sanja,
I ogleda lice u modrilu rečnom.

Ko zna od kad tako. No u nemom dolu,
Glas pane li samo u ta mesta čista:
Sva tišina teško uzdahne u bolu,
Refren patnje ode od lista do lista.

ZALAZAK SUNCA

Još bakreno nebo raspaljeno sija,
Sva reka krvava od večernjeg žara;
Još podmukli požar kao da izbija
Iza crne šume starih četinara.
Negde u daljini čuje se da hukti
Vodenički točak promuknutim glasom;
Dim i plamen žderu nebo koje bukti,
A vodeno cveće spava nad talasom.

Opet jedno veče... I meni se čini
Da negde daleko, preko triju mora,
Pri zalasku sunca u prvoj tišini,
u blistavoj senci smaragdovih gora —
Bleda, kao čežnja, nepoznata žena,
S krunom i u sjaju, sedi, misleć na me...
Teška je, beskrajna, večna tuga njena
Na domaku noći, tišine i tame.

Pred vrtovima okean se pruža,
Razleće se modro jato galebova;
Kroz bokore mrtvih docvetalih ruža
Šumori vetar tužnu pesmu snova.
Uprtih zenica prema nebu zlatnom,
Dva giganta Sfinksa tu stražare tako,

Dokle ona plače; a za morskim platnom,
Iznemoglo sunce zalazi, polako.

I ja kome ne zna imena ni lica,
Sve sam njene misli ispunio sade.
Vernost se zaklinje s tih hladnih usnica...
Kao smrt su verne ljubavi bez nade!
Vaj, ne recite mi nikad: nije tako,
Ni da moje srce sve to laže sebi,
Jer ja bih tad plako, ja bih večno plako,
I nikad se više utešio ne bi.

U SUMRAKU

Odvela me tuga i misli zloslutne
u polje, daleko. Trava puna rose.
Tužno stoje vrbe iznad vode mutne,
Hladni vetri mrse zelene im kose.
Na zapadu negde polumrtav bleska
Ugašenog dana zadnji bledi plamen.
Nema je nada mnom širina nebeska,
Mrak zasipa šumu, reku, cvet i kamen.

Evo jedno groblje. Tu leže seljaci,
Do suseda sused, drugar do drugara;
A dok se u svodu brišu zadnji zraci,
Pobožno kapela stoji kraj njih stara.
I dole u selu zadnji ognji zgasli —
Noć, i tu se spava... A kô sablast čudna,
Međ grobljem i selom još krivuda staza,
Bela i gola, kratka, večno budna.

NOVEMBAR

Raširilo se u nemoj visini
Jesenje nebo, olovno i prazno.
Polja su pusta; vrh ledina njinih
Silazi veče dosadno i mrazno.
Kao bolesnica hodi bleda reka,
Skelet vrbaka nadneo se na nju.
Čuje se jecaj i potmula jeka —
To vetri plaču visoko u granju.

I mraz se hvata nad trulim strnjikom;
Mokre su staze i blatnjavi puti.
Večernje ptice odilaze s krikom
U mrtvu šumu. Daždi mrak; sve ćuti...
Ja ne znam zašto samo tugu snijem,
A nit što žalim, niti želim drugo;
I ne znam zašto tražim da se skrijem,
I negde plačem dugo, dugo, dugo...

SRCE

Srešćemo se opet, ko zna gde i kada,
Nenadno i naglo javićeš se meni —
Možda kad u duši bolno zastudeni,
I u srcu počne prvi sneg da pada.

Na usnama našim poniknuti neće
Ni prekor, ni hvala; niti tuga nova
Što ne osta više od negdašnjih snova
Ni kaplja gorčine, ni trenutak sreće.

Ali starom strašću pogledam li u te:
To nove ljubavi javlja se glas smeo!
Jer što srce hoće, to je njegov deo —
Uvek novi deo od nove minute.

MORSKA VRBA

Sama vrba stoji nad morem, vrh sveta,
Rasplela je kosu zelenu i dugu,
Naliči na nimfu koja je prokleta,
Da postane drvo i da šumi tugu.

Sluša pesmu gora kada jutro rudi,
Agoniju vode u večeri neme,
Nepomično stoji tamo gde sve bludi:
Oblaci i vetri, talasi i vreme.

I tu šumi s njima, dajući, polako,
Moru koju granu, vetru listak koji:
I, kô srce, sebe kidajući tako,
Tužno šumi život. — Sama vrba stoji...

PORED VODE
Sa Boninova

Put mesečev srebrn niz more se vidi,
Leži beskonačan vrh zaspalih vala.
Mir. Zadnji je talas došao do hridi,
Zapljusnuo setno i umro kraj žala.

Noć miriše tužno čempresovom smolom.
Nebo pepeljasto. I kopno i voda
Kô da noćas dišu nekim čudnim bolom,
Tiha tuga veje sa dalekog svoda...

A sto srca noćas kucaju u meni,
I celo mi biće budi se i diže
Časom nekoj zvezdi, a čas kakvoj ženi.

Sve kipi u meni, kô plima kad stiže:
Kao sad da postah! Dokle zvezde brode
Jedne bezimene noći, pored vode.

PESMA MRAKA

Sve vojske noći jezde,
Zastave mraka vihore;
Vetar je razneo zvezde
I zadnje lišće sa gore.

Ponoćni crni petli
Već su se triput čuli;
U luci far ne svetli
Gde brod moj mirno truli.

Crni će vetar da piri,
I kiše padaće crne,
dok dan na okno zaviri
S detinjim očima srne.

Nešto što vapi nama
Oduvek i bez moći,
Na daljnjim obalama
Umreće ove noći.

KRAJ

Hoću u tvom srcu, posle tamnih jada,
Da ostavim jednu nostalgiju dugu:
Pa sve kada prođe, da se sećaš tada
Sa bolom na sreću, s radošću na tugu.

Hoću moja ljubav, kad sve jednom padne,
Da u tebi umre, kao u dan sivi
Što mre grmen ruža: miris koji dadne,
To je bolna duša koja ga nadživi.

I kad ovi dani za svagda prohuje,
I kad opet htedneš čuti moje ime,
Hoću da se ono u tvom srcu čuje
Kô šapat poljupca i uzdisaj rime.

VLADISLAV PETKOVIĆ DIS

PIJANSTVO

Ne marim da pijem, al' sam pijan često
U graji, bez druga, sam, kraj pune čaše,
Zaboravim zemlju, zaboravim mesto
Na kome se jadi i poroci zbraše.

Ne marim da pijem. Al' kad priđe tako
Svet mojih radosti, umoran, i moli
Za mir, za spasenje, za smrt ili pak'o
Ja se svemu smejem pa me sve i boli.

I pritisne očaj, sam, bez moje volje,
Ceo jedan život, i njime se kreće;
Uzvik ga prolama: „Neće biti bolje,
Nikad, nikad bolje, nikad biti neće".

I ja žalim sebe. Meni nije dano
Da ja imam zemlju bez ubogih ljudi,
Oči plave, tople kao leto rano,
Život u svetlosti bez mraka i studi.

I želeći da se zaklonim od srama
Pijem, i zaželim da sam pijan dovek;
Tad ne vidim porok, društvo gde je čama,
Tad ne vidim ni stid što sam i ja čovek.

STARA PESMA

Za mnom stoje mnogi dani i godine,
Mnoge noći i časovi očajanja,
I trenuci bola, tuge, greha, srama
I ljubavi, mržnje, nade i kajanja.

Sve to stoji na gomili trenutaka
U neredu, po prošlosti razbacano,
Dok nju vreme vuče nekud, nekud nosi
I odnosi bez otpora i lagano.

Nemam snage da se borim sa vremenom,
Da odbranim, da sačuvam, ne dam svoje,
Nego gledam čega imam, šta je bilo:
I sve više, ništa više nije moje.

Kao miris, kao zraci, kao tama,
Kao vetar, kao oblak, kao pena,
Odvojeni dani, noći, lebde, kruže
I prilaze u obliku uspomena.

Al' kad mis'o i sećanje budu stali,
Onda kud će i kome će oni poći?
Onda kud će da iščeznu i da odu
Uspomene, moji dani, bivše noći?

Pa kud idem, da li idem, je l' opsena?
Ko me roni, koga nosim, pre i sada?
Za mnom stoji čega nemam, a preda mnom:
Mrtva prošlost sa životom pokrivena.
Dok budućnost polagano pokrov skida,
Nje nestaje i u prošlu prošlost pada.

HIMNA

Odmani rukom i zagazi baru
Što mili, teče, kao život meka,
Sarani razum, i udiši paru
S podneblja gliba što te svuda čeka.

I pusti trulež neka slepo gazi
Ljubav i dušu, i natapa strunu;
Zadah nek na te svoju senku plazi
Visoku, krupnu, kao zloba punu.

Odmani rukom i zatvori oko,
Crvljivo doba neka naglo tiska
Spomene, slavu, u blato duboko,
Gde porok cveta i razvratnost niska.

Za lice tvoje ogledala nije.
Živi međ ljudma u muzici bluda.
Živi! I nek ti vlaga srce pije.
Živi u zemlji sramote i luda.

RAZUMLJIVA PESMA

I na ovoj zemlji život me opija.
Po njoj kada lutam moje misli blede,
Gube se u nebo, u svet harmonija,
U oblak, u zvezde, nevine poglede.

Na njoj ono mesto mene samo pleni
Gde stanuje ljubav, gde je radost mlada,
Prolazna i lepa, k'o cvet dragoceni,
Kao presto snova, kao život nada.

Ne marim inače za život i brige
Naroda i ljudi, za principe razne,
Bacane oduvek u jedne taljige,
Što ih konji vuku i sve glave prazne.

Volim oblak, cveće, kad cveta i vene,
Al' nikako ljude što ropću i pište:
Što drugoga boli, ne boli i mene;
Mene tuđi jadi nimalo ne tište.

OGLEDALO

Kroz svest i nerve čujem da korača
Senka tišine i nejasna mira,
I gusta magla lagano se zbira
U pokrov bola, u zavesu plača.

Osećam dodir trulog ogrtača,
Sebe, da idem iz ovog okvira,
I vlagu zemlje, da linije spira,
Dok šapat prvi budi se i jača.

Gledeći kako izumire vreme
Slepome telu, što ga instinkt krepi,
Za ogledalo se pogled naglo lepi:

Da vidi usta što će da zaneme,
Mada još žedna poljubaca, nege,
A ne pokrova, ne mrtvačke pege.

NAJVEĆI JAD

Ja znam jednu pesmu kao zima 'ladnu,
Koju mirno slušam na pragu jeseni,
Pri zalasku leta i snage u meni.
Ja znam jednu pesmu kao zima 'ladnu.

Ja znam jednu pesmu, i nju danas slušam
U odmoru mome, kad se sutom spušta;
I osećam da me moj polet napušta.
Ja znam jednu pesmu, i nju danas slušam.

I ta pesma nosi meni nove dane,
Mada su k'o juče i sad stari zraci,
Dok nad mojom glavom isti su oblaci.
I ta pesma nosi meni nove dane.

Nosi nove dane, moje novo nebo
I srce, al' srce kao nekad što je,
K'o juče, k'o uvek, isto srce moje.
Nosi nove dane, moje novo nebo.

Zašto i ti, srce, ostarelo nisi,
Kad je snaga zašla u godine sede,
Kad znaci mladosti gube se i blede?
Zašto i ti, srce, ostarelo nisi!

Ti i danas voliš, kao nekad što si,
Nosiš svoju ljubav — tvoje mesto sveto,
K'o u mlade dane, k'o u prvo leto.
Ti i danas voliš kao nekad što si.

Ti i danas tražiš borbe i života,
I sa istim žarom ustaješ i padaš,
Bez roptanja, mržnje, nit se ikom jadaš.
Ti i danas tražiš borbe i života.

Ti voliš, boriš se, ali jesen stupa
I osećaj da sam suviše se nad'o
Da je jad najveći srce uvek mlado.
Ti voliš, boriš se, ali jesen stupa.

Moja jesen stupa; ide moja zima
I pada na srce mlado, uvek holo,
I na zvezdu moju, na sve što sam vol'o.
Moja jesen stupa; ide moja zima.

Al' ja ću sa srcem ići sve do groba
Uporno, kroz borbu i kroz vidik sivi:
Tu ću ga spustiti, nek u smrti živi.
Al' ja ću sa srcem ići sve do groba.

I predeo mira, u zavičaj mraka:
Ostaviću suncu moje srećne dane
I velike želje, još nedopevane,

I buktinju vere, k'o pesmu junaka,
Dok mi srce spava u predelu mraka.

VIĐENJE

Noćas kada sam ja spavati hteo,
Željan da telo umorno odmaram,
Duh stare sreće obuze me ceo,
I ja sam poš'o srce da otvaram.

Iz snova prošlih, prijatnih k'o duge
Nisam video ovaj život grubi,
Već moje nebo, moj zavičaj tuge
I tebe s vencem što ti kosu ljubi.

I tebe s vencem. A tuga se splela
U tajnu želju, punu nežne tame,
Koja ti skriva lice sve do čela,
Pod kojom misliš, nepomična, na me.

Pojava tvoja pričaše mi kako
Patiš, zajedno s pogledom ti holim:
Ja sam te gled'o i zanesen tako
Šaptao da te k'o smrt svoju volim.

Noć je spavala pokrivena mirom,
Mrak se širio k'o more duboko,
A ja sam budan, s tobom i sa lirom,
Doček'o zoru, ne sklopivši oko.

Danas sam šeťo ulicama tužan,
Svaki mi korak beše prava beda:
Znam da izgledah tada vrlo ružan,
I tebe spazih, ti si bila bleda.

PROMENADA

Kroz otvoren prozor, nestašan i mio,
Na zavesu vetrić nevidljivi sleće,
I njome se igra bezbrižan i čio;
Noć na polju leži, mir se po njoj kreće.

Nad zemljom je suton; a svud po pučini
Tišina se digla da spokojstvom leči:
I u tome času meni se učini,
Da zvuk jedan dođe, nosi tvoje reči.

Zvala si me sebi. Ja se nisam mak'o;
Radost sva u tuzi prigrli me strasno:
„Ti si je ljubio kao oganj pak'o,
A ona je došla kad je sve već kasno."

I zaneh se potom. Misao mi ode
Do prošlosti moje, u krajeve znane;
Da poseti ljubav, koju boli vode,
Dok sećanja brižno od smrti je brane.

I tu vide doba, ona svetla, vedra,
Da ih već nestaje polako i tužno,
Da prolaznost svoja otvara im nedra,
I da stvarnost svuda podiže se ružno.

Iz misli se trgoh. Bacah pogled dole,
Nikog nije bilo. I dođe mi žao:
„Možda je čekala, možda mnogo vole,
A ja? — ja sam svirep, bezdušan i zao."

I tad pipah vazduh, tražeć kakva traga,
Ali reči tvoje nisam mog'o naći;
O kako je ljubav velika i blaga,
Mada kao zvezda i ona će zaći.

Brzo, naglo odoh iz svog praznog stana,
Ugodno mi beše kretati se, ići
Razvalinom ovom života i dana,
Koju sunce sutra ponovo će dići.

Svuda tako mirno, izrazito, mračno:
K'o odblesci smrti senke pale redom,
Lišće tek zašušti jednoliko, plačno
U noći, što diše mesečinom bledom.

Ne znam kako, zašto — ali glasno reko':
„Ja te volim draga"; i osetih tada
Onu ljubav staru i doba daleko,
Doba koje namah pojavi se sada.

I ta ljubav stara, kao duh bez glasa,
Povede me žurno tamo, do tvog stana:
Na prozoru nađoh sliku tvoga stasa,

Kao znak ljubavi i ranijih dana.

Došao sam kući. Vetrić se još peo,
Po zavesi igra sam u svome oru;
Dok napolju suton već postaje beo,
I pet'o se muči da probudi zoru.

NA KALEMEGDANU

Dan julski i vreo umoran odlazi.
Uz šuštanje lišća razdragano, glasno,
Javljaju lahori da veče dolazi.
S njim i suton ide, i šaptanje strasno
Srećnog nešto sveta.
Ti parkom prošeta.

Tvoj kostim je bio lak k'o mesečina,
Na tvom nežnom licu osmeh vedar, smeo,
U bujnoj ti kosi spava pomrčina,
A na glavi šešir pomodan i beo:
Kraj mene, kroz graju
Prošla si u sjaju.

Pogledom te gledah za tebe umrlim.
Ti si divna bila. Ne osetih tada
Želju da te volim, potrebu da grlim
Dan mojih očiju. Nit osetih jada,
Il' pesme jeseni,
Il' bola u meni.

Dan julski i vreo umoran odlazi.
I dok šušti lišće sve više i više
Tame, mraka, mira po parku dolazi.

To noć u spokojstvu tišinom miriše.
A bol širi krila...
Ti si divna bila.

NIRVANA

Noćas su me pohodili mrtvi,
Nova groblja i vekovi stari;
Prilazili k meni kao žrtvi,
Kao boji prolaznosti stvari.

Noćas su me pohodila mora,
Sva usahla, bez vala i pene,
Mrtav vetar duvao je s gora,
Trudio se svemir da pokrene.

Noćas me je pohodila sreća
Mrtvih duša, i san mrtve ruže,
Noćas bila sva mrtva proleća:
I mirisi mrtvi svuda kruže.

Noćas ljubav dolazila k meni,
Mrtva ljubav iz sviju vremena,
Zaljubljeni, smrću zagrljeni
Pod poljupcem mrtvih uspomena.

I sve što je postojalo ikad,
Svoju senku sve što imađaše,
Sve što više javiti se nikad,
Nikad neće k meni dohođaše.

Tu su bili umrli oblaci,
Mrtvo vreme s istorijom dana,
Tu su bili poginuli zraci:
Svu selenu pritisnu nirvana.

I nirvana imala je tada
Pogled koji nema ljudsko oko:
Bez oblaka, bez sreće, bez jada,
Pogled mrtav i prazan duboko.

I taj pogled, k'o kam da je neki,
Padao je na mene i snove,
Na budućnost, na prostor daleki,
Na ideje, i sve misli nove.

Noćas su me pohodili mrtvi,
Nova groblja i vekovi stari;
Prilazili k meni kao žrtvi,
Kao boji prolaznosti stvari.

SEDMA PESMA

Prošli su aprili.
I mi nismo više
I nećemo biti ono što smo bili.

Sve tiše i tiše
Podnosimo dane,
Ovaj vidik sunca i magle i kipte.

Tu su ruže znane
I promena ista,
Samo naše pesme već su po'abane.

Danas nam ne blista
Kao nekad, pređe,
Pobeda i ljubav i budućnost čista.

Došli smo do međe.
Još jedino java
Seća nas na doba sve bleđe i bleđe.

Svetlost, boja plava
Sad su izraz neba
U kome se tužno i umorno spava.

Nama sad ne treba
Zagrljaj i cveće,
Da ukrasi mladost, sumnju pokoleba.

Nama doći neće
Snovi što se kriju,
Zabuna života koju krv pokreće.

K'o haljinu čiju,
Meku i u svili,
Nosili smo prošlost kao sreću sviju.

Prošli su aprili.
I suze se liju
Što mi nismo ono što smo nekad bili.

MOŽDA SPAVA

Zaboravio sam jutros pesmu jednu ja,
Pesmu jednu u snu što sam svu noć slušao:
Da je čujem uzalud sam danas kušao,
Kao da je pesma bila sreća moja sva.
Zaboravio sam jutros pesmu jednu ja.

U snu svome nisam znao za buđenja moć,
I da zemlji treba sunca, jutra i zore;
Da u danu gube zvezde bele odore;
Bledi mesec da se kreće u umrlu noć.
U snu svome nisam znao za buđenja moć.

Ja sad jedva mogu znati da imadoh san.
I u njemu oči neke, nebo nečije,
Neko lice, ne znam kakvo, možda dečije,
Staru pesmu, stare zvezde, neki stari dan,
Ja sad jedva mogu znati da imadoh san.

Ne sećam se ničeg više, ni očiju tih:
Kao da je san mi ceo bio od pene,
Il' te oči da su moja duša van mene,
Ni arije, ni sveg drugog, što ja noćas snih;
Ne sećam se ničeg više, ni očiju tih.

Ali slutim, a slutiti još jedino znam.
Ja sad slutim za te oči da su baš one
Što me čudno po životu vode i gone:
U snu dođu da me vide šta li radim sam.
Ali slutim, a slutiti još jedino znam.

Da me vide, dođu oči, i ja vidim tad
I te oči, i tu ljubav, i taj put sreće;
Njene oči, njeno lice, njeno proleće
U snu vidim, ali ne znam što ne vidim sad.
Da me vide, dođu oči, i ja vidim tad:

Njenu glavu s krunom kose i u kosi cvet,
I njen pogled što me gleda kao iz cveća,
Što me gleda, što mi kaže da me oseća,
Što mi brižno pruža odmor i nežnosti svet,
Njenu glavu s krunom kose i u kosi cvet.

Ja sad nemam svoju dragu, i njen ne znam glas;
Ne znam mesto na kom živi ili počiva;
Ne znam zašto nju i san mi java pokriva;
Možda spava, i grob tužno neguje joj stas.
Ja sad nemam svoju dragu, i njen ne znam glas.

Možda spava sa očima izvan svakog zla,
Izvan stvari, iluzija, izvan života,
I s njom spava, neviđena, njena lepota;
Možda živi i doći će posle ovog sna.
Možda spava sa očima izvan svakog zla.

POVRATAK

Opet vam se vraćam, moje noći crne,
K'o umorno dete krilu majke stare,
Kao gustoj šumi izranjene srne,
Dok daleke zvezde tišinu ne kvare.

O, kako je drago tu, pod vašim plaštom,
Velikim i dobrim k'o moje stradanje.
Moje noći crne, negujte me maštom,
Da razumem mrtve i njino nadanje.

Da razumem mrtve i poglede zvezda.
I dubinu mraka, dok popci pevuše;
I dok dišu šume i spavaju gnezda,
Da osećam krila moje stare duše.

Da osećam krila zašlih pokolenja
Uz snivanje ptica k'o pesmom orlića.
Moje noći crne, da l' se život menja.
I šta znače misli i govor vetrića?

Oh, zvezdano nebo kako miri snove!
Oh, mrak kako gleda mirnim očima!
Mrak kako me gleda, i gleda, i zove,
I zove, osvaja i dušu otima.

Mrak dušu otima iz doline krina,
Da ostavi zemlju i grobove svoje,
Skakanje potoka i oči jejina...
Opet vam se vraćam, crne noći moje.

CRNA KRILA

Gledam tu jesen što ide kroz grane,
To lišće svelo, umorno, što gine,
Mirno, u blede i maglene dane,
U noći bele pune mesečine.

Gledam tu jesen. Došle boje sure
I srce hladno, i lagano prate
Padanje lišća, umrle božure
I crne grane što na vetru pate.

Osećam studen sa pospalog cveća,
Veliki korak od te spore pratnje,
Oblake dima nevidljivih sveća,
Skupljene suze za nevine patnje.

Sarana leta — vaskrs moje tuge,
K'o mrtve ruke grane stare, gole,
Uprte stoje predelima duge:
Kao da žale i kao da mole.

Taj pogreb prosti, u kome sve ćuti,
Taj sprovod lišća kao jauk bije.
Ja vidim jesen: padaju minuti,
Sve što je bilo, što još bilo nije.

I šum tajanstven kao pokret vila
Ide sa zemlje, gde još ruže cepte,
Gde srca trnu: šušte crna krila,
I crna krila nad životom trepte.

VIOLINA

U trenucima kada tako klone
I bol i nada, i mladost i cveće,
Kad strah i očaj i sudbina zvone
Samrt, koja se neumitno kreće

Na moju ljubav, na sve želje moje,
Na moje nebo, moju baštu krina —
U tim časima nađu se nas dvoje,
I tad plačemo ja i violina.

U trenucima kada vetar muka
Ode nečujno preko moje glave,
I pojave se san, dubine zvuka
I melodijâ — tad prijatne jave

Opkole mene, i tad moje oko
Ne vidi više predeo od splina:
Ja se osećam podignut visoko,
I tad pevamo ja i violina.

Mračan i vedar ja idem životom
Do starih, crnih i svetlih obala,
Gde diše pustoš i mir sa lepotom,
Gde propast živi i gde nema zala.

Gde nema zala. Sa zanosom nekim
Ja često idem iz tužnih dolina
Negde, daleko, sa zvucima mekim,
I tu smo srećni ja i violina.

IDILA

Reka teče mirno, blago; voda blista;
Sunce sija, zvono lupka, ovce pasu;
Povetarac lako gazi preko lista;
Odmara se i sam vazduh u tom času.

Na ivici od obale čovek spava:
Lepo momče, lice sveže, crte zdrave;
A već dole vir je dubok, voda plava;
Ribe male lova traže, izlet prave.

Čobanin se tako smeši milo, bono!
Šta li sanja i kog gleda sada u snu?
Ovce pasu, mirno idu; lupka zvono;
Sunce sija, zemlja pucka... voda pljusnu.

Nebo ćuti, zemlja ćuti, mir svud vlada;
Sve je nemo, tiho, večno, nigde glasa;
Sve beskrajno, nedogledno, kao nada,
A čobanče voda nosi bez talasa.

Od iskoni, od vekova se postoji.
Vasiona, večna sila, večnost prati:
Čoban mrtav, nebo gleda, svud dan stoji,
Nebo gleda, al' pomoći ne zna dati.

A zbog greha što učini reka ista,
Sunce sija, kao i pre, toplo, blago;
Povetarac lako gazi preko lista;
Ovce pasu, i voda se tako blista.

G.

Hodi. Ostavi sve što je za nama.
Neka naš susret pokrije minute,
Velike misli po kojima ćute,
Gde život ide k'o jesen granama.

Ponoć i sunce odjek su menama.
Zavoli sebe kroz nesreće krute
I mene s njima. Nek lepoti pute
Pokaže mladost dok je još sa nama.

Osmehom dušu i rane zakloni.
Zapali čula. Neka srce tako
Pređe u usne k'o vetar u zvuke.

Nek trenut ovaj i bol što nas goni
Rasklopi nebo i utuli pak'o:
Poljubac, k'o smrt, ne vidi jauke.

POD PROZOROM

I sinoć sam bio pored tvoga stana.
K'o bolnik kad diše, kiša jedva teče,
Lišće šušti, plače, s mokrih, crnih grana;
Sumorno i mutno spustilo se veče.

Ulica je bila pokrivena mrakom,
Krovovi i kuće tonuli u tminu.
I ja sam se kret'o laganim korakom
Kao čuvar mrtvih kroz aleju njinu.

Bojažljivo priđoh do prozora tvoga:
Modra, bleda svetlost na zavese pala.
Inače svud pusto, svud nigde nikoga,
Samo preko lišća noć je uzdah slala.

Pod prozorom zastah. Tu sam dugo bio
I drhtao tako bez glasa i moći:
Na zid ruku stavih pobožno i ti'o,
Ne mogah je dići, ne umedoh poći.

Najednom se trgoh. K'o da neko ide?
Mis'o moju preli krv mi uzrujana.
Ja bežati početh. Da l' me kogod vide?
I sinoć sam bio pored tvoga stana.

SLUTNJA

Nebo mutno, izdubljeno, kobno;
Dan ubijen pritisnuo boje,
Svetlost, oko; i mrtvilo grobno,
Mir i strava oko mene stoje.

Kroz prirodu, preko drva, ružno
Jesen ide; gole grane ćute.
I crnilo obavilo tužno
Koru, vidik, vreme i minute.

Bol klonuo; magla i bregovi
Nose mis'o... i želje se kriju;
Tamne slike, blede kao snovi,
Šušte propast, ko bi znao čiju!

Spava mi se. Još da legne telo
U taj sumor, mrtav, što se vije.
U tu dušu, u ropac, opelo,
Da potone sve što bilo nije,

Da potone... i da magle sinje
Obaviju: na časove bone
I na ljubav da popada inje
I zaborav... I da sve potone.

JESEN

Noć bez neba, noć jesenja; a kroz tamu
Ide, mili sumaglica, vlaga hladna,
Zemlja mokra i crni se k'o strast gladna.
Gde-gde samo suve senke golih grana
K'o kosturi od života, mrtvih dana.

Svuda zemlja; vidik pao. Vlažna tama
Po zvucima, preko mira, leži, spava.
I tišina u dolini zaborava
Mirno trune. Nigde ničeg što se budi.
Sumaglica. Noć bez neba. Pokrov studi.

O PESNICIMA

ĐURA JAKŠIĆ (1832—1878), književnik (pesnik, pripovedač, dramski pisac) i slikar, izrazita pojava srpskog romantizma. Sa romantičarskim zanosom pisao pesme o slobodi, protiv tiranije, rodoljubivu liriku, ali i stihove lirskog posvećenja i dubokog bola.
Svoju prvu i za života jedinu zbirku pesama objavio je 1873. godine.

LAZA KOSTIĆ (1841—1910), književnik (pesnik i dramski pisac), prevodilac, akademik, začetnik srpske avangardne lirike. Osnovni princip njegove poezije sastoji se u ukrštanju suprotnosti (tema, motiva, formi, pesničkih slika, ritmova, zvukova), uglavnom pomoću simetrije i harmonije.
Značajnije zbirke pesama objavljene su 1873, 1874. i 1909. godine.

VOJISLAV ILIĆ (1862—1894), jedini značajni pesnik epohe realizma. U srpskom pesništvu izvršio odlučan raskid s romantizmom, pod uticajem Svetozara Markovića.
Za života je objavio tri zbirke pesama 1887, 1889. i 1892. godine,

kojima treba dodati veliki broj pesama rasutih po časopisima i zaostalih u rukopisu.

JOVAN DUČIĆ (1874—1943), vodeći pesnik u srpskoj simbolističkoj književnosti početkom XX veka. Neprekidno se razvijao i umetnički usavršavao prošavši kroz tri glavne faze (vojislavizam, parnaso-simbolizam i postsimbolizam, u kome je dostigao misaonu i pesničku zrelost).
Značajnije zbirke pesama objavljene su 1901, 1908, 1911, 1929. i 1943. godine.

VLADISLAV PETKOVIĆ DIS (1880—1917), najfascinantnija pesnička ličnost svoga doba, tragični junak moderne srpske poezije koji sve do danas neodoljivo privlači kako svojim pesmama, tako i svojom sudbinom. Dis je pesnik nemira, slutnji i snova.
Zbirke pesama: *Utopljene duše* (1911), *Mi čekamo cara* (1913).

SADRŽAJ

ĐURA JAKŠIĆ

Ja sam stena 2
Kao kroz maglu... 5
Ponoć 6
Pijem... 9
Ćutite, ćut'te!... 10
Moma 11
Padajte, braćo... 12
Kroz ponoć 14
Jevropi 15
Otadžbina 17
Na Liparu 19
Jednoj nestašnoj devojci 21
Otac i sin 22
Na noćištu 24
Karaula na Vučjoj poljani 25
Jan Hus 31
Veče 34

LAZA KOSTIĆ

Ej, ropski svete! 36
Molitva Bogorodici 38
Veče 39
Gospođici L. D. u spomenicu 40
Postanak pesme 43
Reče Gospod 44
Pod prozorom 46
U noći 48
U Sremu 49
Među javom i med snom 51
Razgovor 52
Na ponosnoj lađi 56
Objesen 57
Santa Maria della Salute 58

VOJISLAV ILIĆ

Zimsko jutro 64
Sumnja 65
Nad Beogradom 67
Zvezda 69
Ljubav 70
Ispovest 71
Elegija 76
Na slici Tijaninoj 77
Ljubim te, dušo 78
Mojim prijateljima 79
Jedna noć 81

Molitva 82
U poznu jesen 83
Poslednji gost 84
Duh prošlosti 85
Ljubičica 86
Jesen 87
Anđeo mira 88
Veče 89
Grm 90
Na steni 91
Veče je odavno prošlo... 92
U noći 93
Suva, kržljava kruška... 95
Elegija 96
Pastir 97

JOVAN DUČIĆ

Pesma 100
Zimski pastel 102
Jedne večeri u suton 103
Samoća 104
Bogu 105
Put 106
Slušanje (Iz Dubrovnika) 107
Senka 108
Noć 109
Duša 110
Napor 111

Ljubav 112
Tama 113
Dosada 114
Strah 115
Zamor 116
Refren 117
Vraćanje 118
Polje 119
Podne 120
Tišina 121
Zalazak sunca 122
U sumraku 124
Novembar 125
Srce 126
Morska vrba 127
Pored vode (Sa Boninova) 128
Pesma mraka 129
Kraj 130

VLADISLAV PETKOVIĆ DIS

Pijanstvo 132
Stara pesma 133
Himna 135
Razumljiva pesma 136
Ogledalo 137
Najveći jad 138
Viđenje 141
Promenada 143

Na Kalemegdanu 146
Nirvana 148
Sedma pesma 150
Možda spava 152
Povratak 154
Crna krila 156
Violina 158
Idila 160
G. 162
Pod prozorom 163
Slutnja 164
Jesen 165

www.ingramcontent.com/pod-product-compliance
Lightning Source LLC
Chambersburg PA
CBHW071733080526
44588CB00013B/2015